1970年代

- 松任谷由実(荒井由実)
- 山下達郎
- はっぴいえんど
- 大瀧詠一
- サザンオールスターズ
- イエロー・マジック・オーケストラ
- 井上陽水
- RCサクセション(忌野清志郎)
- キャロル(矢沢永吉)

1980年代

- BOØWY
- 松田聖子
- 中森明菜
- X JAPAN
- 佐野元春
- 尾崎豊
- いとうせいこう
- ラウドネス

1990年代

- スチャダラパー
- Mr.Children
- フィッシュマンズ
- 宇多田ヒカル
- スピッツ
- andymori
- 椎名林檎
- ザ・ブルーハーツ
- フリッパーズ・ギター
- ゆらゆら帝国

戦いの音楽史

逆境を越え 世界を制した
20世紀ポップスの物語

みの

KADOKAWA

はじめに

「聞く」から「聴く」へ——音楽がもっと好きになる

こんにちは、みのです。

ミュージシャンとして、ミノタウロスというロックバンドをやっています。それからYouTuberとして、チャンネル「みのミュージック」で敬愛する音楽やカルチャーについて語ったり、視聴者の皆さんからの音楽に関する疑問に応えたりしています。

「みのミュージック」ではこれまで、音楽の歴史を振り返る動画シリーズもアップしてきました。この本は、YouTubeで解説したロック史をベースに、動画では語り切れなかったことや、2021年の視点も加えて、20世紀のポピュラー音楽史として1冊にまとめたものです。

社会史とつなげば、音楽がスッキリわかる！

世の中はたくさんの音楽にあふれていますが、自分が好きなアーティスト、自分が好きなジャンル以外は食わず（聴かず）嫌いな人も多いのではないでしょうか。

「音楽を知る」というのは、誰かと出会って親交を深めていく過程と一緒だと思います。相手がどういう名前で、出身地はどこで、どんな性格で、どんなことに興味があるのかを知っていくうちに自分との共通点を見つけて、親近感がわいてくる——。音楽も、それぞれの出自や特徴、登場した背景や理由がわかってくると、第一印象から一歩進んで、意外な発見を得ることができます。

もちろん、「あのメロディが好き」「あのギターリフはかっこいい」と、感覚的に楽しむことがダメというわけではありません。でも、音楽の背景を深掘りすることで、もっと好きな音楽に出会える可能性があるのです。また、自分の好きな音楽に対しても新たな学びがあるはずです。

たとえば、

「この曲はイントロが2分もあって、歌い出すまでにどうしてこんなに長いんだろう」

「この人のラップは、どうしていつも過激なんだろう」

という漠然とした疑問を感じたことはありませんか？

じつは音楽の歴史を知ると、そうした疑問への手がかりを見つけることができます。

「この曲のバンドはプログレだから、ハイカルチャーに挑もうという実験的な試みがある。まずは、現代音楽を聴くような心持ちで聴いてみよう」

「このラップは、アフリカン・アメリカンである彼の過酷な出自を表現しているんだな」

というように、名曲、名盤の〝理由づけ〟ができるようになるのです。それぞれの国の歴史やイデオロギーを知らないまま、現代の外交を理解しようとしても難しいでしょう。音楽も同じで、ポップスの歴史を知れば、今の音楽への共通点を見つけて、楽しむことができるはずです。

たとえば美術館で行われている展覧会を観に行ったとします。ただ作品を眺めるだけでも面白いけれど、「この絵はいいなあ。好きだなあ」と思ったとき、そばにあるキャプションにも目を通しますよね。誰が、何年に、何を使って描き、その背景には何があったのかという解説を読むと、作品がグッと自分の方へ歩み寄ってくるように感じられます。さらにその作品が展示されているセクションの全体的な解説で、どういう時代に作られたものかを知ると、作品への理解はより味わい深いものになります。これは、1曲をじっくり楽しむことと、その曲が収められたアルバム全体の文脈を楽しむ、という音楽のアプローチにも通じると思います。

音楽、特にポップスは一つ一つの曲の背景を説明してもらえる機会は少ないし、学校で習うこともありません。あなたの親の若い頃に流行した曲も、当時の社会的な雰囲気も知らなければ、ただ曲を聞くだけになってしまいます。

音楽との向き合い方を知った中学生時代

私の中学生時代はお金もなく、田舎に住んでいたので、音楽にアクセスできる情報も限られていました。両手で数えられるくらいのアルバムしか聴いたことがなくて、でもとにかくロックが聴きたくて、そんなときに地元の小さな図書館でBBC（英国放送協会）が制作した音楽ドキュメンタリーを見つけたのです。タイトルは忘れてしまったのですが、そのVHS10巻セットを各巻10回ずつは観たと思います。1巻につき約30曲が抜粋で流れるのですが、ただヒット曲を取り上げるのではなく、批評的観点で選曲されていました。今振り返ると、このドキュメンタリーとの出会いで、「背景を知りながら、音楽を楽しむ」という素養を得られたのだと思います。

教科書では1行ぐらいしか触れられていなかった歴史上の人物が、大河ドラマの主人公のようにすごく身近に感じられるようになる、そんな興奮を今でも憶えています。興味が出てくるとさらに知りたくなって、ついには聖地巡りをするようになる。音楽の歴史を知ると、皆さんのなかでもそれくらい積極的な変化が起きるはずです。

その音楽のどこがいいのか、どこが素敵なのかを相手に伝えられないもどかしさも、音楽の背景を知ることでレコメンドする糸口を見つけられるはずです。「パンクの演奏はなんでこんなに下手くそなんだろう。もっと上手い演奏のバンドを聴きたいよ」という知り合いに、「下手くそがそもそもミソなんですよ」と教えてあげられたら、相手は音楽に対して新しい発見が得られるでしょう。

歳を取ると興味の幅は狭まる？

自分の興味の幅を広げたいと願う人がいる一方で、「よくわからないから」といって、最近流行っている音楽を敬遠する人もいます。純粋に新しい音楽を受け入れて楽しめる若者と違って、大人になると〝考えて聴いてしまう〟ところがあるのもわかります。

でも、知識はむしろ未知の音楽への拒絶反応を緩和することができます。音楽史を知って、自分なりの仮説を立てながら音楽と向き合えるようになると、単なるＢＧＭとして聞き流していた音楽が突然、自分の耳のなかで聴こえ出してきます。

歳を重ねると音楽への関心が薄れていく、とよく耳にします。日本レコード協会による「音楽メディアユーザー実態調査」の２０１９年度の報告書では、お金を使って音楽を聴く割合について年代別にリサーチしています。20代では54・４％と半数以上なのが、30代では44・６％、40代では36・７％、50代では33・７％、60代では23・２％と、年代が上に

お金を使って音楽を聴く割合（2019年）

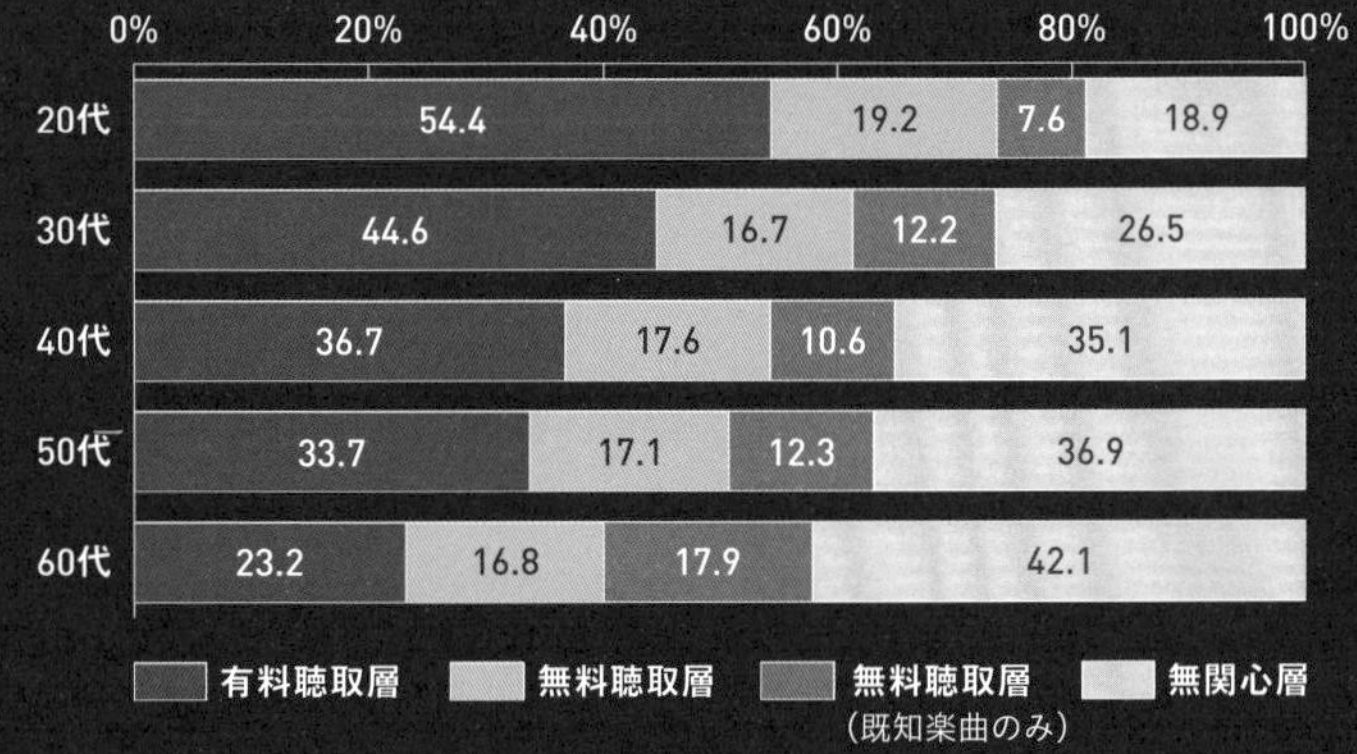

日本レコード協会「音楽メディアユーザー実態調査 2019年度」より作成。

なるにつれて減っていく傾向がわかっています。

おそらくこれまでに集めた好きなCDなどを楽しむ以上に、お金を払ってまで新しい音楽を得ようとしていないのではないかと思います。

今、サブスクリプションの配信サービスでも気軽に音楽を聴くことができ、新しい音楽に出会えるチャンスもたくさんあります。CDショップが丸ごと一つ手元にあるような状態で、視聴したアルバムやアーティストからAIによって引き出されたレコメンドも表示されます。膨大な音楽のなかから、さらに知識をもって気になる曲やアーティストを見つけ出せば、意外性をもって音楽を楽しめるはずです。

ポップス史が、冒険できなくなっている自分の殻を破るきっかけとなって、まったく聴かなしジャンルにも目を向けてもらえることになると嬉しいです。そして消費が早い時代だからこそ、出会った音楽とじっくりと向き合って、腰を据《す》えて聴いてほしいと思います。

みのが、ポップス史をアップデートする！

この本では、ロックの歴史だけでなく、ロックのルーツであるブルースやR&Bまで遡《さかのぼ》り、またロックに影響を与えた20世紀最大の音楽的インパクトでもあるヒップホップにも重点を置きました。20世紀に登場した幅広い音楽ジャンルを扱ったため、「20世紀ポップス史」としています。

ポップスの歴史は短く、ほんの100年くらいです。その短いあいだでも、インターネットの登場により、ビジネス界と同様に音楽の世界も、1990年代と2000年代には、旧世界と新世界くらいの大きな隔《へだ》たりがあります。目まぐるしい変化のなかで、もはや20世紀後半のポップスですらオールディーズとしてとらえる向きもあります。

一方で、書店に並んでいるポップス史の本はおそらく20年ほど内容が変わっておらず、今回はそのアップデートを意識しました。しかし、ここで述べる歴史はあくまで一例であって、史観や批評は常に多義的です。そこで、先達《せんだつ》が積み重ねてきたこれまでの史観に、私の主観を入れつつも中立な立場でお伝えすることを心掛けました。

ロックはブルースやR＆B、フォーク、カントリーなど、さまざまなジャンルからの影響を受けた混合ジャンル。今でいう「マルチカルチャー」の音楽といえます。ですが、これまでのポップス史では、ロックにわかりやすく影響を与えているジャンルとしてブルースは取り上げても、それ以外のジャンルはさほど言及されてこなかったように思います。また、ヒップホップやR＆Bが支配的である現代の音楽シーンの視点で振り返ると、ブラック・ミュージックのパワーについて語らないわけにはいきません。

そこでこの本では、ブラック・ミュージックの歴史についても、最も深いところから一本の筋で迫ります。特に、ポップスへの影響の大きいヒップホップについても厚めに解説しました。この視点は、ポップス史をご存じの方にも、新鮮に感じてもらえるのではないかと思います。

さらに同時代の政治や経済、社会問題にも目を向けて、音楽との相互作用についても言及しています。20世紀の社会問題と音楽はいつも重要な局面で結びついています。アフリカン・アメリカンの音楽の歴史を追うことで、現在の「BLM（ブラック・ライヴズ・マター）」運動への流れも理解できるでしょう。

また経済面に目を向ければ、記録媒体の変革が目覚ましいです。レコード、テープ、CD、デジタルと大きな技術革新のなかでの、アーティストらによる音質追求や作曲方法の模索は必見です。本書を読めば、社会情勢、経済変革、技術革新など時代の大きな流れに対し、アーティストがいかに立ち向かったかを知ることができます。

「あらゆる逆境を越えて世界を魅了した、歴史のダイナミズムを体感してほしい」――。そんな思いを込めて、本書を『戦いの音楽史』と名づけました。

世界とつなげて、日本の音楽史も学ぼう！

今日の社会では、西洋的な美的価値観を疑い、ルッキズム（外見至上主義）を否定した、「ありのままの自分がいちばん美しい」という自己肯定的な視点が強くなっています。LGBTという言葉が浸透してきたように、どんなかたちでも自分に自信をもち、多様性を認め合い、他人に寛容である姿勢が求められています。

そして、アフリカン・アメリカンたちが、マイノリティとしての自分の文化や歴史にこれまで以上に誇りをもっています。彼らの言動を間近に見ながら、アジア人としての自覚と、自分たちの国際的なポジションをしっかりとらえることが大事だと感じています。

そこで、欧米のポップスの流れをたどる一方で、「当時の日本の音楽シーンはどうだったのか」という視点も盛り込みました。こういう時代だからこそ、「自分たちが普段親しんでいる音楽が、どこからきているのかを知ってみませんか?」という、私からの提案です。

日本のポップスも盲目的に西洋の音楽を受容してきたわけではなく、根底には日本土着の音楽（ジャパニーズ・フォーク・ミュージック）からの影響が一貫としてあります。そうして受け継がれてきた〝日本らしさ〟を、ぜひ誇りとしてほしいとの思いを込めています。

20世紀は「音色」の時代

学校の音楽の授業で習ったことがある方もいるかもしれませんが、音楽の三原則は「リズム」「メロディ」「ハーモニー」私はここに「音色」が加わったのが、20世紀の音楽だと考えています。音色には、レコードやテープといった音響を記録したり、複製したりする技術の発展が欠かせません。

19世紀までの音楽は、楽譜の再現が中心でした。超絶技巧をもつピアニストのリスト、ヴァイオリニストのパガニーニといった花形の演奏家もいましたが、ハンガリーやイタリアで行われた演奏会をイギリスで聴くことは無理なこと。ベートーヴェンの交響曲であれ何であれ、あくまで、地元のオーケストラや演奏家の演奏で聴いていました。つまり、ミュージシャンは楽譜を再現する人でしかなく、作曲家にフォーカスが当たっていたのです。

19世紀後半から20世紀初めにかけてレコードやテープが発明されると、人間の声や演奏を録音・複製できるようになり、拡散できるようになります。アメリカにいても、イギリスで演奏されている音楽を楽しめるようになりました。そうすると「この声はすごくドラマティック」「この人のヴァイオリンは華やか」といったように、演奏者の個性が注目されるようになるのです。

同じ楽譜を再現しても、歌手や演奏家によって違う音楽になる。それはまさに「音色」を楽しめるようになったということです。音楽をリズム、メロディ、ハーモニーの三原則だけで考えると、ビートルズの曲をジョン・レノンが歌っても、その辺にいる人が歌っても同じということになります（音程がジョン・レノンと同じくらい良いという前提ですが）。「カート・コバーンの声がいい」「ジミヘンのギターの響きはスゴイ」というように、20世紀以降の私たちはまさに「音色」を享受しているのです。

アコースティック・ギターはエレキギターになり、ピアノはエレクトリックピアノになりました。使われる楽器の電子化が進むと、やがて、ヴォーカルにエフェクトをかけたり、曲に効果音を入れたりといった、「音色」の部分で遊ぶ新しい考え方が生まれます。今では当たり前の多重録音や、録音したものを切り張りするといった音楽制作上の編集作業を可能にしたのもテープです。また、デジタルの時代になり、制作の自由度はより高まりました。

加えて、私たちの音楽の楽しみ方も変化します。インターネット時代のポップスを巡るさまざまな出来事についても、最後にまとめました。

過去を知れば、未来の音楽も楽しくなる！

ニルヴァーナの「カム・アズ・ユー・アー（*Come as You Are*）」は、アルバム『ネヴァーマインド（*Nevermind*）』からのセカンド・シングルとして１９９２年に発売された曲です。この曲のギターリフは、キリング・ジョークが１９８４年に出したシングル「エイティーズ（*Eighties*）」のものと似ていると物議を醸《かも》しましたが、キリング・ジョークのギターリフもまた別の曲に似ています。さらにこの別の曲は、過去の別の曲に似ているなどと、遡ればキリがありません。これらを〝パクリ〟と言ってしまえば簡単ですが、大きくとらえれば、20世紀のポップスは黒人の音楽をその他の人種がパクってきた歴史ともいえます。ロックも、ブルースやR＆Bから発展した音楽であると考えると、音楽は常に過去の音楽からの影響を受けていて、時代とともに継承されながら変化してきたのです。

これまで大切に聴いていた音楽への愛は、より深まるように。そして新しい音楽への冒険を恐れずに。それでは、ポップスの歴史を見ていきましょう！

みの

みの選
20世紀ポップス名盤50

1920-40s

1920〜40年代

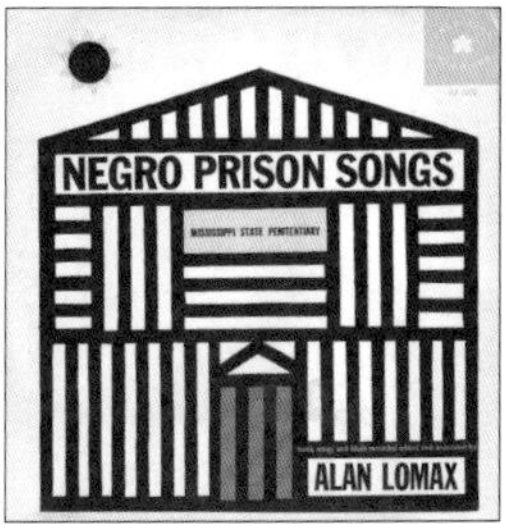

Negro Prison Blues & Songs

TLP / 1958 (LP)

Mississippi and Louisiana State Penitentiaries Prisoners

アラン・ローマックスが囚人たちの労働歌（ワーク・ソング）やフィールドハラーを録音した非常に貴重な音源。あらゆるアメリカ黒人音楽の源流といえる。

The Midnight Special and Other Southern Prison Songs

Victor / 1940 (LP)

Leadbelly

口承で代々伝えられてきたアメリカ南部のフォークやブルースを収録。特に表題曲の「ミッドナイト・スペシャル」は幾度となく後進のフォーク・ミュージシャンに参照され続けた。

1950s

1950年代

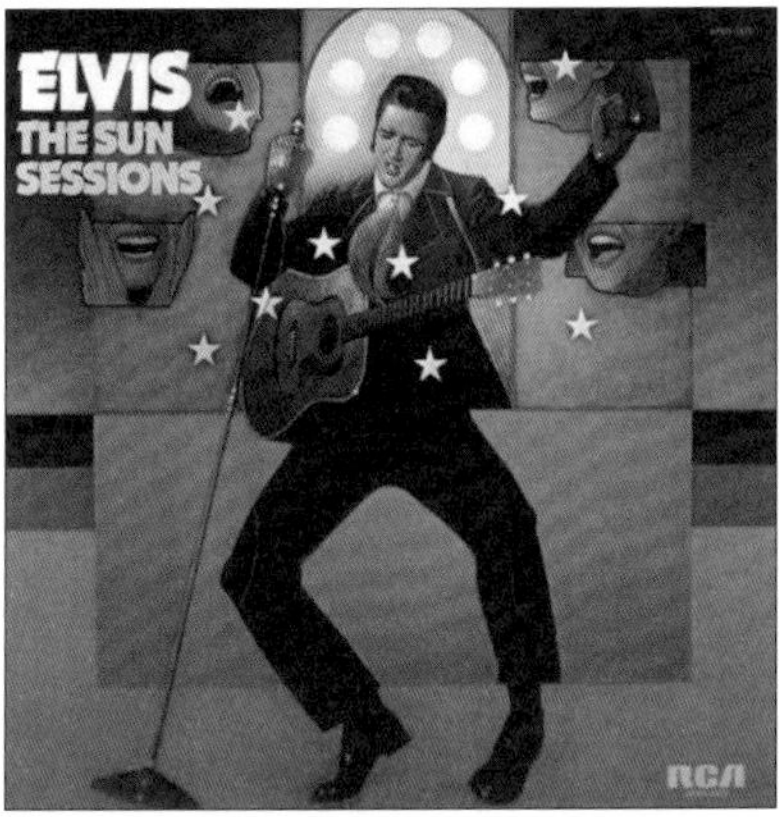

The Sun Sessions

RCA / 1976(LP)

Elvis Presley

エルヴィスのサン・レコード時代の音源を集めたコンピレーション・アルバム。演奏は非常に素朴かつ、まだ初々しさも残る歌唱だが、すでに底しれぬ霊感がうかがえる内容。

Chuck ..Berry Is on Top
Universal / 2017

Chuck Berry

本作でベリーが示したスタイルは、のちにロックンロールの一つの定型として圧倒的な存在感を放っている。大名曲「ジョニー・B・グッド」収録。

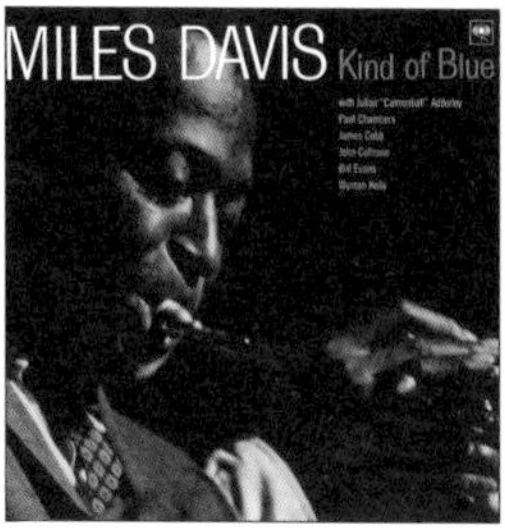

Kind of Blue
Sony / 2013

Miles Davis

行き詰まりをみせていたビバップのシーンに、モードの方法論を導入し、一気にモダン・ジャズの新たな地平を切り開いた作品。参加メンバーもオールスター級。

The Genius of Ray Charles
Mobile Fidelity / 2012

Ray Charles

ゴスペルを酒場に連れ出したレイは、さらにセクシャルな歌詞で味つけ。世俗化されたゴスペルはソウルとして生まれ変わり聴衆を魅了するが、敬虔なクリスチャンから白眼視もされた。

Here's Little Richard
Universal / 2015

Little Richard

豪快なシャウトを身上とする歌唱法は、ポール・マッカートニーやプリンス、他にも多くのハードロック・ミュージシャンに大きな影響を与えた。

Lady Sings the Blues
Universal / 2009

Billie Holiday

アメリカ南部の厳しい人種差別や凄惨なリンチについて歌った「奇妙な果実」を収録。ニーナ・シモンからカニエ・ウエストまで社会派のアーティストらに影響を与え続ける力強い楽曲。

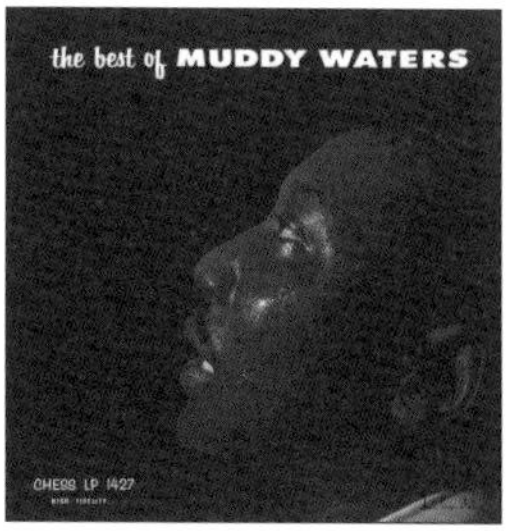

The Best of Muddy Waters
Universal / 2013

Muddy Waters

ミシシッピのデルタ地帯からシカゴに渡ったマディは、自身のバンドをエレキ化。ブルースがR＆B、ロックンロールに変容していく大きな契機となった。

1960s

Sgt. Peppers Lonely Hearts Club Band

Universal

The Beatles

実験精神を強めた中期以後の活動姿勢は、この作品で一つの頂点を迎える。コンセプト・アルバムとして、全体を通して一つの作品として聴かせる姿勢は、多くのアーティストに影響を与えた。

Please Please Me

Universal

The Beatles

ビートルズのデビュー作である本作品は収録曲の半数近くをオリジナル曲が占めており、楽曲を自作自演で披露するポップスターの最初期の例となった。以後、これに影響されたアーティストが続々と自作で曲を発表するようになる。

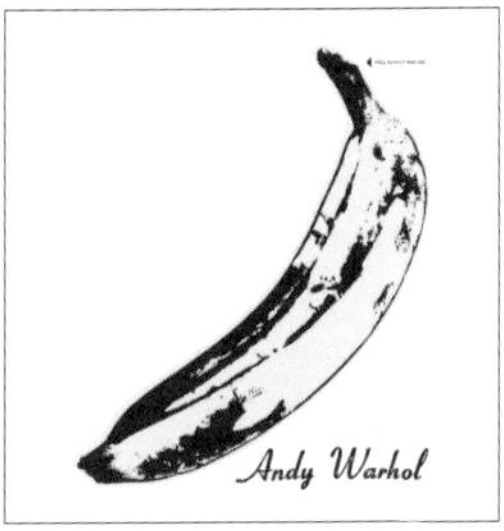

The Velvet Underground and Nico

Universal / 2018

The Velvet Underground and Nico

アンディ・ウォーホルがプロデュース。人間の暗部を鋭く切り取る詞世界など、それまでのポップスの常識から大きく逸脱した内容は、オルタナティヴ・ロックやパンクの萌芽といえる。

Sweetheart of the Rodeo

Sony / 2014

The Byrds

新加入メンバーのグラム・パーソンズがカントリーの要素を持ち込み、それまでのフォーク・ロック路線から一気に方向転換。カントリー・ロックの成立に大きな影響を及ぼした作品。

Highway 61 Revisited

Sony / 2016

Bob Dylan

フォーク・ロック期の代表作。プロテスト・ソングをアコースティックで歌う存在であったがバンドをエレキ化し、フォークのもつ社会性やディランの文学性がロックに持ち込まれた。

Pet Sounds
Universal / 2016

The Beach Boys

飛躍的に深化するビートルズに感化されたブライアン・ウィルソンは、それまでの路線から一転、和声やプロダクションを究極に突き詰めた本作を発表。同時代のミュージシャンに衝撃を与えた。

Electric Ladyland
Sony / 2015

The Jimi Hendrix Experience

数々の革新的な奏法で、ロック・ギターの預言者としての存在を確立したヘンドリックスは、2枚組の大作である本作で宇宙的ともいえる規模感の景色を描ききった。

The Doors
Warner / 2017

The Doors

カリスマ性際立つジム・モリソン擁するドアーズのデビュー作。長尺のインタープレイを含む「ハートに火をつけて」、衝撃的な歌詞の「ジ・エンド」を収録。サイケデリック・ロックの代表作品。

Otis Blue
Warner / 2013

Otis Redding

夭折のソウルシンガー、オーティス・レディングの桁違いの歌唱を堪能できる作品。バックを務めるブッカー・T&ザ・MG'sが奏でる鉄壁のリズムにも注目。

I Never Loved a Man the Way I Love You
Warner / 2013

Aretha Franklin

ポップ路線で鳴かず飛ばずのアレサだったが、黒人音楽の名門アトランティックと契約をすると音楽性をソウルフルなものに一転。永遠の歌姫“クイーン・オブ・ソウル”が生まれた瞬間の記録。

Live at the Apollo
Universal / 2016

James Brown

スタジオ盤ではとらえることのできなかった、生のJBの爆発力をパッケージ。冒頭から圧巻のスピード感でラストまで聴かせるショーとしての構成力は、流石としか言いようがない。

1970s

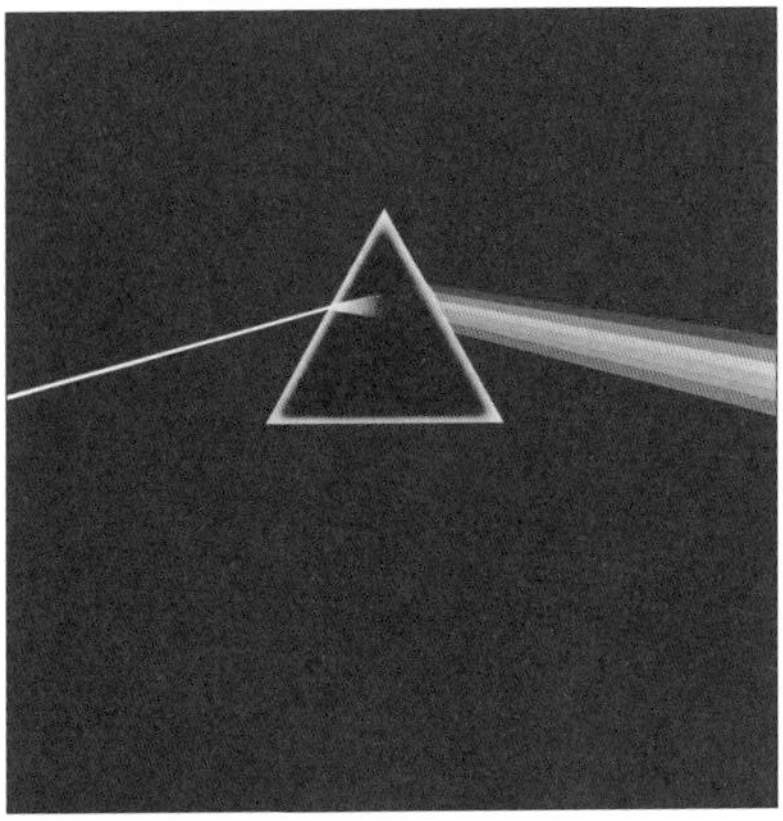

The Dark Side of the Moon

Sony / 2017

Pink Floyd

ビートルズなどの先達が示したコンセプト・アルバムの方向性をより追求し、アルバム全編を通して曲間がないシームレスな構成、圧倒的なスケール感で「狂気」を表現。芸術性もさることながら、プログレとしては異例の商業的成功も達成する。

The Rise and Fall of Ziggy Stardust and the Spiders from Mars

Warner / 2015

David Bowie

異星より地球に降り立った、架空のロック・スター「ジギー」としてのペルソナを打ち出した、グラム期の作品。シアトリカルな要素を取り入れたステージングや山本寛斎の衣装も注目を集めた。

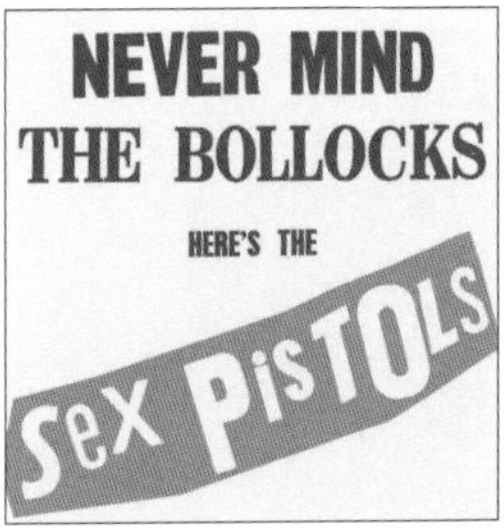

Never Mind the Bollocks

Universal / 2018

Sex Pistols

ニューヨークで興ったパンク・ムーヴメントはロンドンへ。旧世代の打倒という大義名分を掲げ、スキャンダルを振りまきつつも大成功を収める。初めてロックがロックに反抗した瞬間であった。

Songs in the Key of Life

Universal / 2018

Stevie Wonder

1970年代中盤、創造性の頂点を迎えたワンダーは3枚組となる超大作を発表。アフリカン・アメリカンの肥沃な音楽遺産を余すところなく、天才的ソングライティングによって収録。

What's Going on

Universal / 2018

Marvin Gaye

シングル主体の活動が主流であったソウル初のコンセプチュアルなアルバム。作品を通して社会派のメッセージを痛烈に表明。アーティスト自らプロデュースを務めたのも画期的であった。

Blue
Warner / 2019

Joni Mitchell

フォーキーで素朴な仕上がりであるが、同ジャンル内でも異例なまでに洗練されたメロディラインをもつ。この後、彼女はジャズ・ミュージシャンと積極的に交流し、音楽性を拡張していく。

IV (Four Symbols)
Warner / 2014

Led Zeppelin

ハードロックに、アコースティックなサウンドやケルト民謡なども貪欲に吸収。白眉は、圧巻のドラムサウンドをとらえた「レヴィー・ブレイクス」。エンジニアリングの観点からも強い影響力をもつ。

Bitches Brew
Sony / 2013

Miles Davis

ロックに多大なインスピレーションを受けたマイルス・デイヴィスは、バンドをエレキ化、いわゆるフュージョン・サウンドの礎を築く。本作に参加しているミュージシャンも、のちにそれぞれのプロジェクトで大きくジャズシーンをリードしていく。

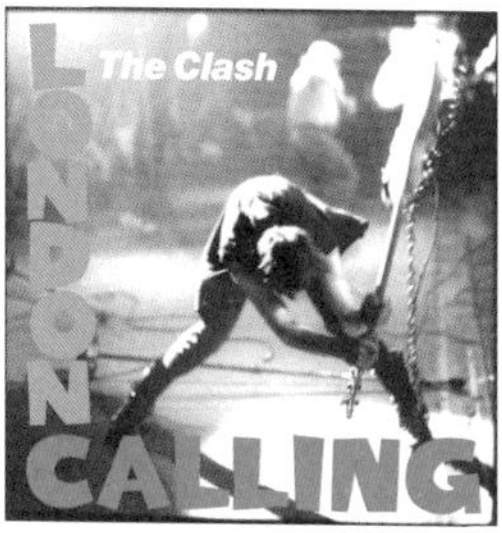

London Calling
Sony / 2019

The Clash

旧世代の打倒という大義名分を達成したパンクシーンが存在意義を模索するなか、クラッシュはスカやレゲエ、ロカビリーなど音楽性を拡張。パンクが思慮深くあることも可能であると示した。

Exile on Main St
Universal / 2020

The Rolling Stones

ブルースにはじまり、ソウルやカントリーなどあらゆるアメリカ南部由来の音楽をストーンズ流のロックでパッケージ。2枚組のボリュームで繰り広げられるルーツ・ロック展覧会。

There's a Riot Goin' on
Sony / 2013

Sly & the Family Stone

多重録音とリズムマシーンを多用した密室的質感のファンク・アルバム。有機的な人力の演奏と無機的な機械のリズムの融合は先鋭的で、サンプリングを利用する音楽の登場を予見する。

Rumours
Warner / 2013

Fleetwood Mac

大幅なメンバーチェンジを経て、音楽性も大きく変化。メンバー間の恋愛のもつれから、制作時のムードは最悪だったとのことだが、それらを極上のポップ・ロックに昇華。

The Man Machine
Warner / 2014

Kraftwerk

ギターやベースなどを中心とする一般的な楽器編成をすべて電子楽器に置き換え再構築。徹底して無機的な音風景を表現した。後続の電子音楽全般に多大な影響を及ぼした“エレクトロニック・ダンス・ミュージックのビートルズ”ことクラフトワーク1978年の代表作。

Tapestry
Sony / 2013

Carole King

1960年代から作曲家として多くのヒット曲を提供してきたが、1970年代に入るとソロでのキャリアをスタートさせる。ソロ・アーティストとしても、別格の存在であることを本作で証明した。

Paranoid
Rhino / 2016

Black Sabbath

ハードなサウンドを追求するアーティストが多く出現するなかで、より「重たい」感触を追求。オカルト的、悪魔崇拝的な詞世界も相まって、ヘヴィメタルの雛形となった作品。

1980s

Thriller

Sony / 2018

Michael Jackson

"キング・オブ・ポップ"こと、マイケル・ジャクソンの代表作であり、鉄壁の完成度を誇る。MTVでヘヴィーローテーションされた高クオリティのミュージックビデオも手伝い、爆発的ヒットとなった。

It Takes a Nation of Millions to Hold Us Back

Universal / 2015

Public Enemy

ザ・ボム・スクワッドの手になる非の打ち所がないトラックに、徹底的に政治的なリリック。公民権運動以降、指導者不足とされた黒人コミュニティに救世主と目されるほどの支持を得た。

Sign "O" the Times

Warner / 2020

Prince

プリンスの"ホワイト・アルバム"とも称されるほどのバラエティに富んだ内容。ほとんどの楽器を自身で演奏しているというから驚きである。

Raising Hell

Sony / 2005

RUN DMC

ベテランのエアロスミスをフィーチャーした「ウォーク・ディス・ウェイ」は大ヒット。ニューヨークローカルの文化であったヒップホップが全国的な知名度を高める大きな契機となり、黒人以外の聴衆も多く獲得した。

Liscensed to Ill

Universal / 2011

Beastie Boys

ハードコア・パンク出身の当バンドは、いち早く当時のヒップホップ勃興に注目し、音楽性を一新。白人ヒップホップのパイオニアとなった。ヒップホップを郊外に持ち出したと評される。

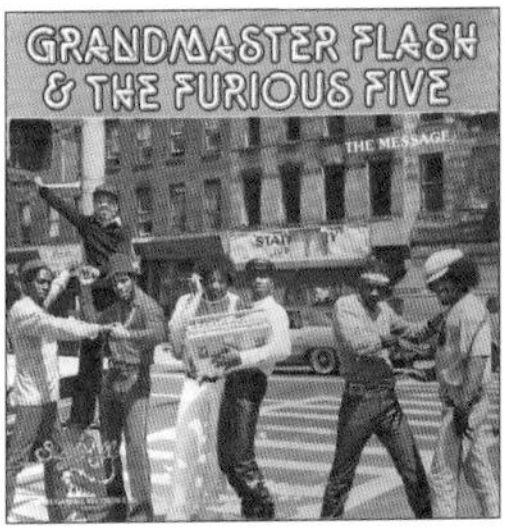

The Message

Sugar Hill / 1982 (LP)

Grandmaster Flash and the Furious Five

表題曲「ザ・メッセージ」はコンシャス・ヒップホップの先駆けとして、同ジャンルに鋭く社会性を持ち込む。"パーティー"についての歌詞が一般的だったなかで異例の主題であった。

Remain in Light

Warner / 2009

Talking Heads

アフロビートを貪欲に吸収し、パンク、あるいはロックの新たな可能性を示したアルバム。多くの表情を見せるが、すべての曲が一つのコードで作られているという。

Master of Puppets

Universal / 2018

Metallica

英国のNWOBHMの影響を受けつつも、ハードコア・パンクの過激さを取り込んだ。高速化したメタル、スラッシュメタル成立の立役者と名高いメタリカの代表作。

1990s

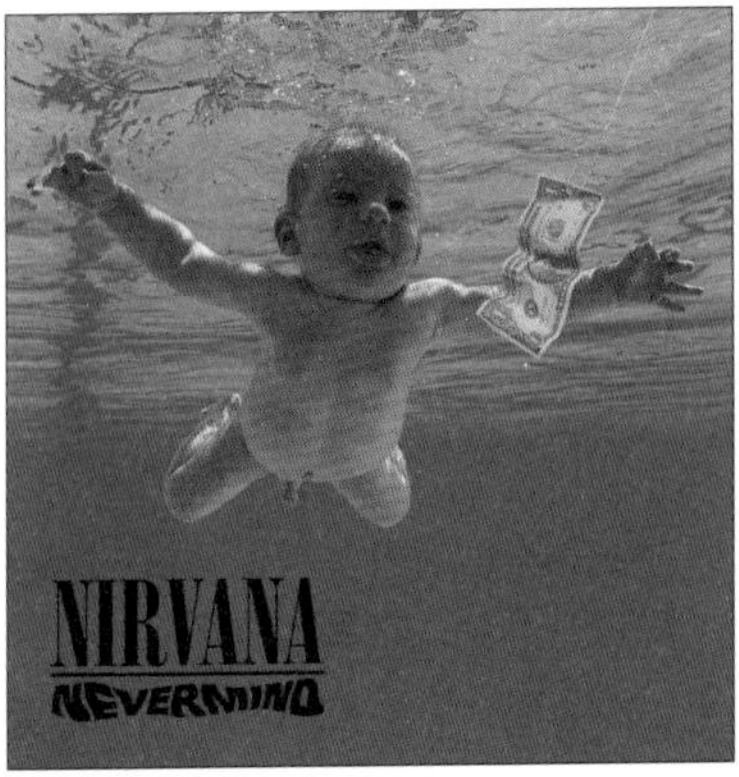

Nevermind

Universal / 2017

Nirvana

"パンクとブラック・サバスの結婚"とも評されるグランジ・サウンドを引っさげ、アメリカでの政権を奪取した作品。以後数年はアンダーグラウンド出身のアーティストがシーンを席巻した。

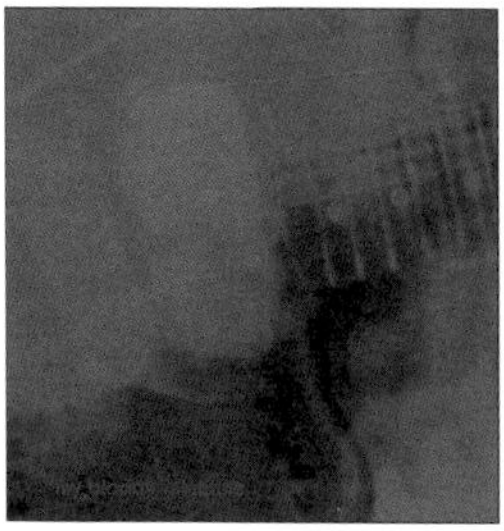

Loveless
Creation / 1996

My Bloody Valentine

重層的なギターの轟音に、囁くようなヴォーカル。絶妙なプロダクションで成り立つギリギリのバランス感覚は、今にも崩れ落ちそうな美しさを表すシューゲイザーの金字塔。

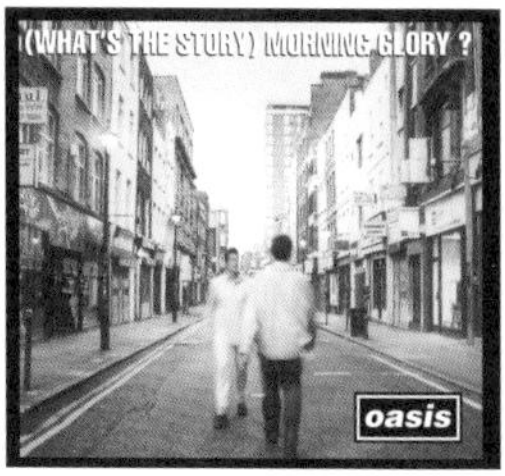

(What's the Story) Morning Glory?
Sony / 2014

Oasis

どこか懐かしさもある王道サウンドを圧倒的強度でパッケージ。ブリットポップ・ムーヴメントの一つのハイライトとなった。

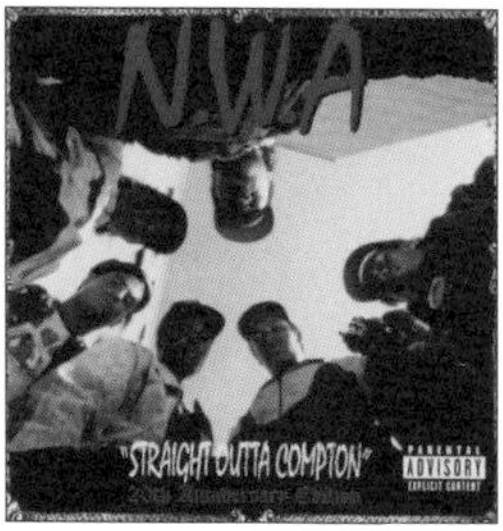

Straight Outta Compton
Universal / 2015

N.W.A

過酷なストリートの現状を言葉を選ばずに告発。そのリリックはギャングスタ・ラップの嚆矢となった。ニューヨーク中心のヒップホップシーンに西海岸を組み込んだ意味でも重要な1枚。

Ok Computer
XL / 2016

Radiohead

デビュー時からのギターロック・サウンドは鳴りを潜め、実験精神あふれるエレクトロニックなサウンドを獲得。ポストサンプリング時代のロックバンドとして一つの在り方を示した。

Dummy
Universal / 2011

Portishead

ヒップホップは海を渡り、英国ブリストルで独特の咀嚼をされる。よりダウナーな質感になり先鋭的な空気をまとったサウンドはトリップホップ、アブストラクト・ヒップホップともいわれた。

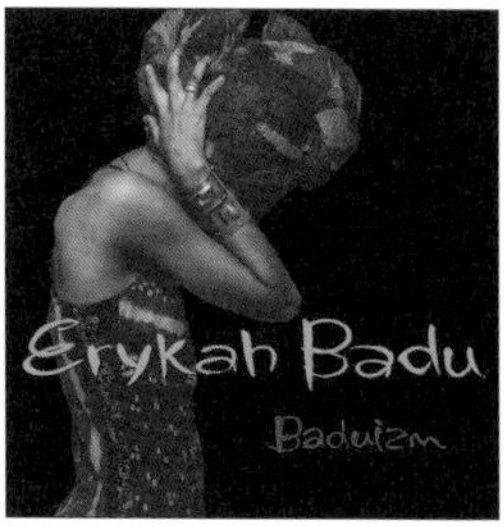

Baduizm
Universal / 2006

Erykah Badu

本作のヒップホップ的感覚を通過したR&Bサウンドは、ネオ・ソウルと形容された。当ジャンルは以後、ヒップホップと相互に影響を与えつつ、現代のリズム感覚を刷新していく。

本書では歴史事実を紹介する上で一部、社会問題、人権問題、そのほか公序良俗に反する出来事に触れていますが、著者はいずれの問題も助長する意図はありません。

戦いの音楽史

目次

第1章 誕生 ～1940s
アメリカ大陸に集結した移民と音楽

Column 1

そのとき日本の音楽シーンは ~1930年代

日本土着の音楽と、ジャズが融合する

第2章

伝播

1950s~

ロックンロールは不良の音楽か？

Column 2

第3章 熱狂

1960s~ ビートルズがやってきた

Column 3

グループ・サウンズ

そのとき日本の音楽シーンは ～1960年代

第4章 変化

1970s〜 ロックは、派生の時代に突入する

Column 4

第5章 逆転

1980s〜 白けたムードを打破したアングラの大成

Column 5

第6章

軋轢《あつれき》

1990s〜 ヒップホップに込めるブラックパワー

Column 6

そのとき日本の音楽シーンは 〜1990年代 渋谷系とJ-POPの誕生

ブックデザイン：菊池 祐
著者写真提供：武田 雲
DTP：一條麻耶子
編集協力：吉田桐子
協力：北野 誠（UUUM株式会社）

第 1 章

誕生

~1940s

アメリカ大陸に集結した
移民と音楽

ブルース、ゴスペル、フォーク、カントリー――。
20世紀ポップスの礎は、
アメリカ大陸で育まれたといっても過言ではありません。
しかしそこには、悲しい歴史的事実が横たわっています。

悲しい歴史がポップス発祥のカギに

いまや当たり前のように聴かれているロックやR&B、あるいはヒップホップといった音楽ジャンル。そのルーツのすべてに、「アフリカン・アメリカン」たちがかかわっています。

音楽についての話を進める前に、まずは17~18世紀に行われていた「三角貿易」について触れておきましょう。ヨーロッパ、アフリカ大陸、そしてアメリカ大陸を結んで行われた、大西洋上での経済体制のことです。

イギリスのリヴァプールなどの港から出航した貿易船が、綿布や鉄、武器などをアフリカ大陸へ運び、アフリカ大陸では奴隷《どれい》を乗せてアメリカ大陸へ渡ります。そしてアメリカ大陸からは、煙草《たばこ》や綿花、砂糖を積んでイギリスに戻る、という大陸間を循環する経済体制でした。

17世紀のアメリカ大陸ではプランテーション（大規模農園経営）が盛んで、煙草や綿花、コーヒー、サトウキビなどの生産のために大量の労働者が必要とされて

三角貿易

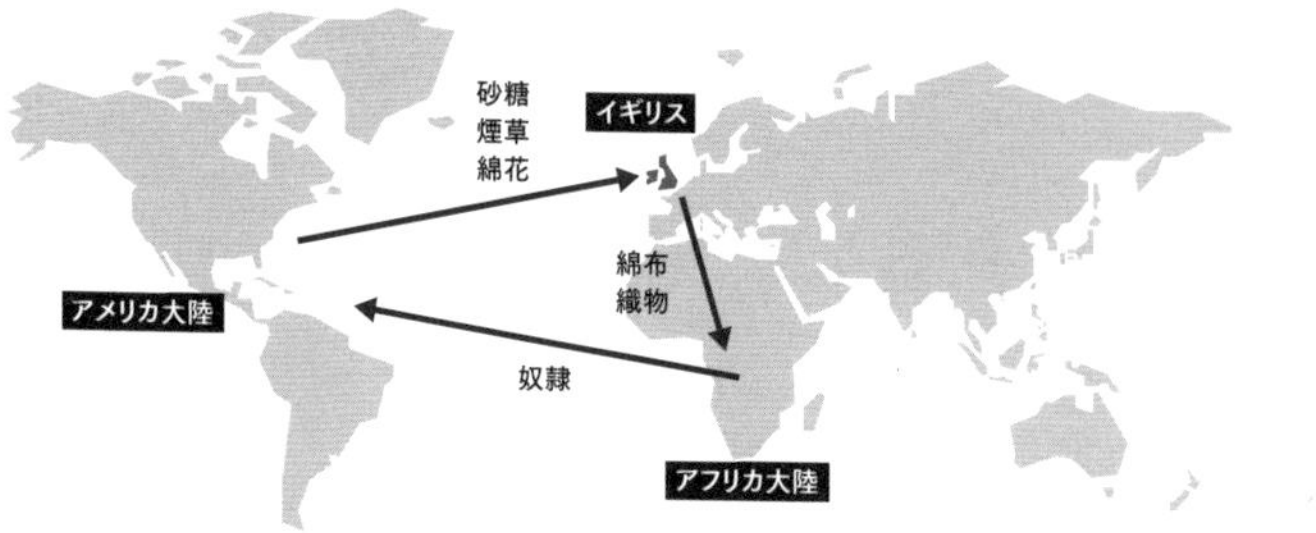

いました。そこで、安価な労働力として奴隷が使われていたのです。奴隷となったのは、もともと奴隷だった人々、種族間の抗争による捕虜《ほりょ》たち、そして奴隷商人から購入された人々、村から誘拐された人々などで、おおよそ1000万人を超えるといわれています。

この、奴隷としてアメリカ大陸へ強制移住させられた人々が、アメリカで黒人と称されてきたアフリカン・アメリカンの祖先です。そして、彼らがロックのルーツの一つである、「ブルース」誕生のカギを握る存在となります。

黒人たちの労働歌が「ブルース」へ

ミシシッピやテネシー、ルイジアナ、ジョージアといった地域に連れてこられた奴隷たちは、過酷な労働環境に置かれていました。常に農園主の監視下に置かれ、規律を守っていないと鞭《むち》で打たれることが当たり前のように行われていたのです。

そのような日々で彼らが歌っていた「労働歌」は、過酷《かこく》な生活を送る上で重要な役割を果たします。歌うことで、自分自身や一緒に働く仲間たちの士気をあげるだけでなく、弾圧されることへの怒りや欲求不満を和《やわ》らげることができたのです。これら労働歌のジャンルの一つ「フィールド・ハラー」が、ブルースの起源となります。

フィールド・ハラーは、共同作業の最中に歌われるというよりは、たとえば綿摘みのような一人で黙々と作業する場面などで、自分自身のために即興的に歌われたものです。集団で歌う「ワーク・ソング」よりも自由なスタイルで、語りかけるようにして歌われました。

黒人に自由な時間を与えた、奴隷解放宣言

1776年に独立を宣言したアメリカでは、1862年にリンカーン大統領[*1]によって奴隷解放宣言が出され、1865年には奴隷制が全廃されます。プランテーションでの奴隷生活から解放されたとはいっても、黒人たちは農地の所有者にはなれず、土地を借り、設備や農具を揃えるために借金をし、生活は苦しいままでした。

同じ頃、白人たちのあいだでは「ミンストレル・ショー」という大衆芸能が人気を博します。白人が黒焦げのコルクで顔を塗りたくって黒人に扮し、歌や踊り、話芸や寸劇などを見せるもので、黒人に対するあからさまな揶揄《やゆ》を売りものにしていました。このミンストレル・ショーは1840年代に成立し、1860年代に最盛期を迎えます。

その白人俳優の一人が、「ジャンプ・ジム・クロウ」という歌にふざけた踊りをつけて、「ジム・クロウ」というキャラクターを作り出しました。日常的に黒人と間近に接したことがなかった白人たちは、愚《おろ》かで無知なジム・クロウが典型的な黒人の姿だと思い込み、黒人のステレオタイプ化につながります。

このキャラクターが、南部を中心に1870年代から行われた白人と非白人の

---

*1
エイブラハム・リンカーン
Abraham Lincoln
(1809-1865)
アメリカの政治家で、第16代大統領(1861-1865)。奴隷解放宣言を発した翌年の1863年の演説で、「人民の、人民による、人民のための政治」という言葉を残した。南北戦争終結直後に暗殺される。

ジム・クロウ。出典：Library of Congress

人種隔離をする法律や条例、社会基準などを指す「ジム・クロウ法」の言葉の由来になります。学校、交通機関、劇場、レストランなどの公共施設において人種の分離が行われ、黒人たちの政治参加の権利がはく奪されました。

このように、奴隷解放が宣言されたとはいえ、社会的差別がすぐに無くなったわけではありません。しかしそれでも、奴隷制の廃止は黒人たちの生活に浸透していき、次第に自由な時間、余暇を生み出しました。堂々と恋愛をしたり、酒場で飲んだりといった精神的・金銭的な余裕が、生活を豊かにしていくのです。

南部の田舎《いなか》にある「ジューク・ジョイント」と呼ばれていた酒場では、黒人たちが酒を飲み、ギャンブルに興じるなかで、生演奏が行われていました。これまで、〝労働のため〟に歌われていたフィールド・ハラーは、ここでより個人的なこと――やり場のない怒り、孤独感や日々の憂鬱《ゆううつ》さ、「女と遊びたい」「酒が飲みたい」というような欲求――を表現するものへと変化します。これが「ブルース」と呼ばれるようになるのです。

ジューク・ジョイントの外観（1940年代）。

ジューク・ジョイントに集う人々（1930年代）。

20世紀、ブルース・スター誕生

ブルースは、黒人奴隷の悲しい歴史から生まれた音楽といえますが、20世紀に入って彼らの〝内なる想い〟はより洗練されたものとして進化していきます。

初期のブルースは、アコースティック・ギターによる弾き語りスタイルが基本でした。歌の上手さや演奏の巧《たく》みさで人気を得る者が現れ、ロバート・ジョンソン*2のようなスターが生まれます。ミシシッピ州に生まれ、ミシシッピ川の沿岸都市からシカゴまで演奏してまわったジョンソンは、優れたギター・テクニックの持ち主として知られたミュージシャンです。そのあまりの凄《すご》さに、「ギターのテクニックと引き換えに、十字路《クロスロード》で悪魔に魂を売り渡した」という伝説（クロスロード伝説）が残されています。

また、1914年から1950年にかけて、多くのアフリカン・アメリカンたちが、より高い生活水準を求めて大移動する「グレート・マイグレーション」が

---

*2
ロバート・ジョンソン
Robert Johnson
(1911-1938)
ミシシッピ州出身。レコーディングで残した曲は生涯で29曲。27歳で亡くなったその死因も諸説あり、伝説めいている。エリック・クラプトンは「歴史上もっとも重要なミュージシャン」と評している。

起こります。たとえばミシシッピ州からシカゴというように、南部の田舎から北部の工業都市へと大移動するとともに、音楽も都市部へ持ち込まれました。そしてブルースは、新たなスタイルへと変化し始めます。

その立役者となったのが、マディ・ウォーターズ[*3]です。ミシシッピ州の出身のウォーターズは、1943年にシカゴに移り住み、ブルースにエレキギターを持ち込んでバンド・スタイルに発展させました。これがロックの源流の一つとなります。

黒人教会から「ゴスペル」が誕生

三角貿易でアメリカに連れてこられた奴隷たちは、雇い主たちに強制的にキリスト教に改宗させられます。平日はプランテーションで働き、日曜はプランテーションの一角で白人説教師の説教に耳を傾ける——その繰り返しで、彼らは敬虔《けいけん》なクリスチャンになりました。お金も自由もない過酷な生活のなかで、天国へ導かれるという教えは、救いとなったのです。

---

*3
マディ・ウォーターズ
Muddy Waters (1913-1983)
ミシシッピ州出身。本名はマッキンリー・モーガンフィールド。芸名は小さい頃に「どろんこ」遊びが好きだったことに由来する。7歳でハーモニカを始めて、のちにギターに転向し、ロバート・ジョンソンの影響を受ける。

そして、賛美歌を受け入れるなかで、「黒人霊歌」が生み出されました。文字の読めない彼らは賛美歌集をもっていなかったので、白人たちから教わった祈りや歌を即興的に行うようになり、独自のものへと変えていきます。

奴隷制が廃止されると、黒人たちは自分たちの教会をもちたいと考え始めます。教会は白人のクリスチャンたちが集まる場所だったからです。そうしてできた黒人たちの教会で「ゴスペル」は誕生しました。

現在のようなゴスペルのかたちは1920年代後半、グレート・マイグレーションで多くの黒人たちが移住したシカゴで完成したとされています。酒場では、毎日の生活に漂う、やり場のない「ブルー（憂鬱な気分）」を歌うブルースが演奏されている一方で、教会では、イエス・キリストを称え、「希望」を歌うゴスペルが演奏されました。天使の音楽であるゴスペルに対して、ブルースは悪魔の音楽といわれるくらい、ゴスペルとブルースの扱いには差があったのです。

「天使の音楽」を下ネタにしたヤツ

このゴスペルを俗っぽくしたのが、少し時代は先になりますが、1950年代から1960年代初めにかけて登場する「ソウル」です。ゴスペルの歌い方、ハモリ方は生かされつつ、歌詞の内容が世俗的なものに替えられました。

レイ・チャールズ[*4]が1959年に発表した「ホワッド・アイ・セイ（*What'd I Say*）」は、ソウル初期の代表作の一つです。神様を賛美する聖なる歌をなんと、セックスの歌に替えてしまったことで、白人たちから猛批判されるだけでなく、敬虔な黒人のクリスチャンたちからも総スカンを食らう始末。

後年、チャールズは、エルヴィス・プレスリー（65頁）やビートルズ（98頁）といった白人のミュージシャンたちにも大きな影響を与えました。

ソウルの代表的な歌手としては、〝クイーン・オブ・ソウル〟〝レディ・ソウル〟と称されるアレサ・フランクリン[*5]も挙げられます。父親が高名な牧師で、フラ

---

*4
レイ・チャールズ
Ray Charles (1930-2004)
ジョージア州出身。3歳頃からピアノを弾き始めるが、緑内障が悪化して7歳で視力を失う。ハンディを背負いながらもプロのミュージシャンを目指し、1949年のデビュー曲でR&Bシングル・チャート最高2位を獲得した。

*5
アレサ・フランクリン
Aretha Franklin (1942-2018)
テネシー州で生まれ、ミシガン州で育つ。幼い頃に両親は離婚し、アレサは父親のもとで育てられた。

ンクリンはその環境下でゴスペルを歌って育ちました。1961年のデビュー当時はかなり甘めのポップスを歌っていましたが、その後ソウルに転向し、ゴスペルをベースにした力強い歌声で世界的な成功を収めました。

ヨーロッパ移民が持ち込んだ「フォーク」

黒人奴隷たちの強制移住に先駆けてアメリカ大陸へ移入したのが、ヨーロッパ人たちです。1492年に探検家クリストファー・コロンブス*6がアメリカ大陸を〝発見〟してから、約200年にわたって多くのヨーロッパ人が大西洋を渡り、交易所や植民地を築きました。

「フォーク」は、ヨーロッパ各地からの移民たちがそれぞれ持ち込んだ音楽と、土着の音楽が混ざり合ったものです。口承で受け継がれてきたため、ほとんどが作者不詳です。

フォークは、白人たちだけの音楽というわけでなく、黒人たちも歌っていまし

---

*6
クリストファー・コロンブス
Cristoforo Colombo
(1451頃-1506)
定説ではイタリア・ジェノヴァ出身。1492年に、スペイン宮廷の援助で大西洋を横断し、バハマ諸島のグアナハニ島（サン・サルバドル島）に上陸。以後3回の探検によってアメリカ中央沿岸にたどり着くが、自分が到達した地をインドの一部であると信じたまま没した。

*7
レッドベリー
Leadbelly (1888-1949)
ルイジアナ州出身。本名はハディ・ウィリアム・レッドベター。たびたびもめごとを起こし、刑務所で

た。レッドベリー*7は、その一人です。フォークの数多くの曲を知っていて、歌うことができた彼はまさに〝フォーク事典〟のような人物でした。フォークだけでなく、ブルースやゴスペルなども歌うことができ、〝生きるジュークボックス〟とも称されています。また、12弦ギターが上手く、ピアノ、マンドリン、ハーモニカ、ヴァイオリン、アコーディオンも演奏しました。

　レッドベリーが有名になるきっかけは、アメリカの民謡を残そうとフィールドワークで民謡収集をしていた、アラン・ローマックス*8に見出されたためです。1933年、殺人未遂罪で服役中だったレッドベリーは、アランと、その父ジョンと出会います。

　ローマックス親子は、彼にフォークを演奏してもらって数多くの曲を録音することに成功します。これは、口承で伝わってきたフォークが、ついに音源というかたちで記録された偉大な出来事といえます。

　後のロック史においても、レッドベリーは最重要人物で、彼の音楽はのちにピート・シーガー（113頁）、ウディ・ガスリー（112頁）、ボブ・ディラン（112頁）に影響を与えていきます。

服役している。1935年に、アラン・ローマックスのサポートでニューヨークへ移住した。

*8
アラン・ローマックス
Alan Lomax (1915-2002)
テキサス州出身。17歳のとき、アメリカ議会図書館の委託を請けた民俗音楽研究家の父を手伝い、民謡収集を開始。1935年からは独自に活動を始め、アメリカのみならずヨーロッパ各地やカリブ地域でも録音を行った。

政策によって、音楽採集がさらに加速する

ちなみに、アラン・ローマックスは、ブルースの収集も行っており、1941年に伝説となっていたロバート・ジョンソンを探しにミシシッピへ行きますが、彼はすでに1938年に27歳で亡くなっていました。そこで代わりに見つけたのがマディ・ウォーターズで、彼の演奏も録音しています。

1929年、〝暗黒の木曜日〟の株価暴落に始まった世界恐慌の後、ルーズヴェルト大統領は経済危機による不況を克服するために、ニューディール政策を行います。1930年代に展開されたこの政策は、金融だけでなく、文化的プログラムもありました。

その背景には、第一次世界大戦終戦以降の国際社会におけるアメリカの地位上昇があります。〝ヨーロッパの辺境〟だったアメリカが、大戦で疲弊したヨーロッパに代わって、国際政治の中心に躍り出て存在感を強めていきます。近代国家として国をまとめ、国際的地位を確立しようとするとき、政治は時として文化的アイデンティティを必要とします。ニューディール政策では、アメリカ社会特有の

文化を洗い出す趣旨で、連邦作家計画、連邦劇場計画、連邦音楽計画といったプログラムが行われました。

音楽の分野では、多くの研究者や愛好家が地方に派遣され、フォークやブルースの曲を採集します。すでに議会図書館には民謡の管理、保存をするアーカイヴが設置されていましたが、民俗音楽研究家だったジョン・ローマックスがこのアーカイヴのディレクターに就任した1932年以降、収集活動はより活発となりました。

ローマックス親子はイングランドをルーツにもつ移民です。白人と非白人で公共機関での座席が区別され、使用できるトイレも別だった当時、白人が黒人のコミュニティに出向き、黒人の音楽を求めるというのはかなりめずらしいことでした。ローマックス親子が残した録音は、当時の黒人たちがどのような〝音色〟を奏《かな》でていたかを知れる貴重な資料といえます。

フィールドレコーディングを行うアラン・ローマックス（左）。 出典：Indiana University Libraries Moving Image Archive

〝田舎〟の素朴な音楽「カントリー」

アパラチア山脈地方に入植した、イングランドやスコットランド、アイルランドからの移民たちが楽しんでいた音楽からも、一つの音楽ジャンルが生まれています。それが「カントリー」です。

カントリーが音楽ジャンルとして用いられるようになったのは、1940年代に入ってからです。アパラチアン・ミュージック、マウンテン・ミュージックとされていた音楽が、1930年代にヒルビリーという名で呼ばれるようになり、カントリーと称されるようになりました。

カントリーもロックに影響を与えます。1950年代後半から1960年代に活躍した兄弟デュオ、エヴァリー・ブラザーズ*9は、カントリーの伝統であるハモリのテクニック「クロース・ハーモニー」を継承し、美しいハーモニーを聴かせました。それは、ビートルズにも影響を与え、ポール・マッカートニーは、彼らを「ビートルズに最も大きく影響を与えた人たち」と評しています。

---

*9
エヴァリー・ブラザーズ
The Everly Brothers
ケンタッキー州出身の兄アイザックと、シカゴ出身の弟フィリップのデュオ。1957年にシングル『バイ・バイ・ラヴ(*Bye Bye Love*)』でデビューし、全米2位を記録した。

黒人音楽ヒットチャートと「R&B」へ

ここで再び、黒人たちの音楽へ話を戻しましょう。

1920年代以降、ブルースのミュージシャンたちの噂《うわさ》を聞きつけた白人たちは、彼らの演奏を録音してレコードとして発売し始めます。少し時代は先ですが、ポーランド移民であるレナード・チェス、フィル・チェスの兄弟が1950年に設立したチェス・レコードも、ブルースをはじめとする黒人音楽を手がけるレーベルです。マディ・ウォーターズやチャック・ベリー（74頁）の主要なレコードを出しています。

ですが、黒人たちの音楽はレイス・ミュージック[*10]と称され、白人たちの音楽と差別的に分けられていました。ですから、レコードとして売られるといっても、黒人たちの音楽は主に黒人社会のあいだで楽しまれるものでしかなかったのです。

テレビが一般的に普及するまで、ヒット曲はラジオで放送されることで作られ

*10 **レイス・ミュージック**
レイス・ミュージックのレコードは、「レイス（人種）・レコード」と称された。

るものでした。1941年にアメリカで白黒テレビ放送が開始され、経済的余裕のある白人たちがテレビを買うようになり、わずかですがラジオの需要が下がってきます。そこで、ラジオの空いたチャンネル枠が初めて黒人に与えられ、黒人音楽の番組が作られるようになり、白人も黒人音楽を身近に聴ける機会が生まれます。そうすると当然、白人のなかにも黒人音楽を好む人たちが出てきて、レコードも売れるようになってきました。

1949年に、レイス・ミュージックは、「R&B（リズム&ブルース）」と改名されて、黒人音楽のヒットチャートができます。すると、黒人たちのあいだでも、ヒット曲という概念が浸透し始めるのです。

R&Bは現代でも人気ジャンルの一つですが、具体的にはどのような音楽を指すのかイメージしにくいかもしれません。ただ、こうした黒人音楽の流れを踏まえると、「黒人のポップス＝R&B」ととらえてよいと思います。

Column 1

そのとき
日本の
音楽シーンは
[〜1930年代]

日本土着の音楽と、ジャズが融合する

外国の旋律＋日本的歌詞＝「翻訳唱歌」

ポップスやヒット曲という視点で語るにはやや違和感があるもしれませんが、日本における共通の音楽の広がりという点で、「文部省唱《しょう》歌《か》」について触れておきたいと思います。

19世紀後半、急速な近代国家の設立を迫られた明治政府は、学校教育制度を作るにあたって音楽の指導法を欧米諸国に学ぶことになります。派遣留学生としてアメリカで学んだ伊澤修二*1は帰国後、文部省唱歌の制定に取り組みました。そして、外国曲の旋律を採用して、日本的な内容の歌詞をつける「翻訳唱歌」が生

*1 **伊澤修二(1851-1917)**
教育家。高遠藩の下級武士の長男に生まれる。アメリカ留学後は、東京音楽学校(現・東京藝術大学)、東京盲唖学校、東京高等師範学校(現・筑波大学)などの校長を歴任した。

まれます。代表曲には、「仰げば尊し」「埴生《はにゅう》の宿」「蛍の光」などが挙げられます。やがて、唱歌の作曲は、西洋音楽を勉強した日本人の作曲家が担うようになります。唱歌の歌詞は文語体で書かれ、内容も難解だったため、子どもたちは馴染《なじ》めず、学校の外に広がっていくことはありませんでした。ただ、誰もが教科書や授業で習うことで、全国の子どもたちが同じ曲を共有する機会になりました。

また、のちのポップスやロックにつながる外国のメロディと日本語の融合の試みは、ここから始まったといえるかもしれません。

日本のポップスの源流の一つ、民謡

文部省唱歌の導入以降、学校教育の現場では西洋音楽が支配的になります。しかし、一般の人々のあいだで民謡などの伝統的な音楽への関心が無くなったわけではありません。

本来、民謡は自然発生的に生まれ、口伝《くでん》で伝えられ、地域間の人の移動によって伝播《でんぱ》し、その土地で定着、郷土化したものです。作業の最中や休憩時に歌われた労作歌（仕事歌）、神事や行事で歌われた神事歌（祭歌・祝歌、踊歌・舞歌）、門付《かどつけ》や遊芸人たちが聴かせた芸事歌（放浪芸歌）などがあります。民謡は、参勤交代の藩士や徒士、北前船《きたまえぶね》の船頭や水夫、行商人、旅芸人によって各地に伝播しました。無伴奏あるいは手拍子を伴《ともな》って歌われていた民謡は、江戸時代になって都市や港町の花街や遊郭に持ち込まれて、三味線などの伴奏がつき「はやり歌」へと進化します。

大正時代の終わりに本放送を開始した現在のNHKラジオの前身は、番組で民謡を取り上げていました。同じ頃、明治以降の急激な西洋音楽への傾倒の反省から、詩人や作曲家による「新民謡運動」が起こります。

この民謡ブームでプロの民謡歌手が生まれ、レコードが発売され、歌謡曲（流行歌）としての「民謡」のジャンルができます。地方で埋もれていた民謡が発掘されて歌謡曲として発表され、作詞家、作曲家によって作られた今でいう〝ご当地ソング〟にあたる「新民謡（創作民謡）」が生まれます。

この頃、「はやり歌」は「流行歌」と称されるようになっていましたが、1930年代後半のNHKのラジオ番組で、「歌謡」という冠のついた番組が生まれます。NHKが「流行歌」という名を嫌い、自ら独自のヒット曲を生み出そうと考えたためといわれています。そして、「歌謡曲」という言葉が定着するきっかけとなりました。

第二次世界大戦後には、1946年に放送が開始されたNHKラジオ『のど自慢素人音楽会』*2は素人にマイクを開放し、民謡ブームが再来します。昭和30年代には三橋美智也《みちや》*3が歌謡曲だけでなく、自身のルーツでもある民謡のレコードも出して人気を博しました。地方のものだった民謡が、全国区のヒット曲へと発展したのです。

服部良一による、民謡とジャズのミクスチャー

昭和に入り、1937年に「山寺の和尚《おしょう》さん」という曲が発表されます。作詞は久保田宵二《しょうじ》*4、作曲は服部良一《はっとりりょういち》*5で、中野忠晴*6が男性コーラスと歌いました。ジャズ的な要素と純日本的な要素を組み合わせた、当時としてはかな

---

*2
のど自慢素人音楽会
翌年「のど自慢素人演芸会」に改称。現在のテレビ番組『NHKのど自慢』の前身。

*3
三橋美智也(1930-1996)
幼い頃から民謡を歌い、その伸びと艶のある声と絶妙のこぶし回しを持ち味に、昭和30年代の歌謡界をリードした。全盛期は〝三橋で明けて三橋で暮れる〟と称されるほどの人気を誇り、数多くのミリオンセラーを連発した。

*4
久保田宵二(1899-1947)
作詞家。教員をしながら詩や童謡を書いていたが、野口雨情などの勧めもあって1925年に上京。1931年に専属作詞家として日本コロムビアに入社。童謡の作詞を手がけ、新民謡運動にも力を注ぐが、流行歌作家に転身。「ほんとにそうなら」などのヒット曲を手がけた。

り尖《とが》った楽曲で、タイトルからは想像できないミクスチャーっぷりです。私が知っている限りでは、これが日本土着の音楽と外国の流行音楽とが融合した最初期の例といえます。

〝日本ポップスの父〟と称される作曲家の服部良一は、大阪出身。家族の影響で、郷土の民謡を子守歌代わりにしながら育ちます。幼い頃から音楽の才能を発揮し、19歳でラジオ放送用に結成された大阪フィルハーモニック・オーケストラに入団。指揮者のエマヌエル・メッテルに和声や作曲を学びました。

一方、オーケストラでの活動のかたわら、ジャズ喫茶でピアノも弾いています。1936年に日本コロムビアの専属作曲家となり、「別れのブルース」「雨のブルース」「蘇州夜曲《そしゅうやきょく》」といったヒット曲を生み出しています。

日本の伝統的な音楽の旋律の特徴を、日本の民族音楽学者、小泉文夫*7はテトラコルドを使って理論づけています。簡単にいうと、連続した三つの音からなる旋律では、最後の音は必ず真ん中の音になるという規則性です。たとえば、となえうた「かみさまのいうとおり」に節《ふし》をつけて言うとき、最後の音は真ん中の音

*5 **服部良一(1907-1993)**
作曲家・編曲家。生涯におよそ3千曲の作曲を手がける。服部の仕事により、戦前には〝ブルースの女王・淡谷のり子〟が、戦後は〝ブギの女王・笠置シヅ子〟が誕生した。日本レコード大賞の創設にも尽力している。

*6 **中野忠晴(1909-1970)**
日本のジャズ・ポピュラー歌手の草分け。作曲家の山田耕筰に見出されて1932年に日本コロムビアに入社。日本で最初のジャズ・コーラスグループ「中野忠晴とコロムビア・リズム・ボーイズ」を結成した。第二次世界大戦後はキングレコードに移籍し、作曲家として活躍。

*7 **小泉文夫(1927-1983)**
東京大学・大学院在学中に、邦楽や東南アジア、中近東、アフリカの音楽に関心をもつ。1957年にインド留学し、現地の古典音楽や民族音楽を調査。帰国後

テトラコルドを使った「となえうた」

小泉文夫『日本の音　世界のなかの日本音楽』(平凡社、1994年)より作成。

になります。これは、三味線音楽や箏曲《そうきょく》、民謡やわらべ歌などにもみられる法則です。

服部良一は「山寺の和尚さん」で、このテトラコルドを使っています。おそらく、ジャズを聴きやすくするために、日本的な旋律とのブレンドを試みたと考えられます。

日本の作曲家たちは歌謡曲を手がけるにあたって、ある日突然、日本土着の音楽を捨てて、海外の音楽のコピーばかりをするようになったわけではありません。そして、今も日本にあるポップスがすべて海外のコピーというわけでもありません。歌謡曲であれ、J-POPであれ、日本土着の音楽の影響は必ずあって、ミクスチャーの音楽になっているといえます。

も世界中の民族音楽の調査や研究に従事し、中近東、東南アジア、アフリカなどで録音した音楽をラジオやテレビで紹介した。

第2章

伝播

1950s~

ロックンロールは不良の音楽か?

エルヴィス・プレスリーの登場で、
若者たちはロックに夢中になります。
保守的な大人たちの批判をものともせず、
演奏はより過激に、ワイルドに、セクシーに。

白人、黒人文化を融合したエルヴィス・プレスリー

19世紀、白人たちのあいだではミンストレル・ショーという、黒人の真似をして嘲笑する大衆芸能が人気を博しました。

そこから100年以上の時を経た1950年代、レイス・ミュージックと区別されていた黒人音楽が、ラジオで流れるようになったことで人気が高まり、R&Bと称されるようになります。すると白人のあいだでは、「R&Bはかっこいい」という風潮が起こります。

ただ、一般的にはまだ差別志向が強い家庭も多く、白人のティーンエイジャーが黒人の音楽を聴くと親に怒られることのほうが多かったようです。そこで、白人が真似したR&Bを聴く、という少し遠回りをした楽しみ方をするようになります。とはいえ、白人たちが演奏する曲は、R&Bを漂白したような、黒人から見ると非常にあいまいなものでした。

そんななかで、白人でありながら黒人のワイルドな部分をストレートに表現し

たのが、エルヴィス・プレスリー[*1]です。いかに黒人のR&Bに近づけるかと、本気の姿勢で挑んだ初めての白人ミュージシャンといえます。

プレスリーはアメリカ南部のメンフィスで育ったため、黒人たちのコミュニティが身近にあり、音楽もファッションも黒人文化にどっぷりと浸かって過ごしました。現代においても、若者たちを中心にヒップホップをはじめとするアフリカン・アメリカンのスタイルに影響を受けている人はたくさんいますが、プレスリーは、その〝大先輩〟といっていいでしょう。「黒人のやっていることは、かっこいいんだ」と大々的に表現した、初めての白人といえます。

プレスリーの模倣っぷりは、徹底的でした。彼のトレードマークともいえるリーゼントも、ハードな黒人用ポマードをグワッと大胆につけて整えています。プレスリーが示したそのスタイルや思想の新しさが、白人のティーンエイジャーたちのハートを鷲掴みにしたのです。

アメリカでは1941年の商業テレビ放送開始以降、テレビの普及率は急速に進みます。プレスリーがRCAビクターからメジャーデビューした前年、195

*1
エルヴィス・プレスリー
Elvis Presley
(1935-1977)
ミシシッピ州で生まれ、テネシー州で育つ。メジャーデビュー曲「ハートブレイク・ホテル」でセンセーションを巻き起こし、その後も「ハウンド・ドッグ」「監獄ロック(*Jailhouse Rock*)」などのヒットを飛ばした。陸軍除隊後は俳優業にシフトし、1960年代は多くの映画に出演。1968年に歌手活動を再開するが、1950年代のようなヒット曲には恵まれなかった。

5年の国内での一般家庭のテレビ保有率は約65%と高いものでした。プレスリーの新しいスタイルが、この浸透し始めていたテレビで流れたことも大きなインパクトを残しています。

プレスリーのメジャー2枚目のシングルで、代表曲の一つに「ハウンド・ドッグ（*Hound Dog*）」があります。テレビ番組『ミルトン・バール・ショー』で二度目に出演したとき、彼はこの曲の最後を本来の半分の速度で歌いました。半分にするとブルースのリズムになるのですが、当時それを地上波で放送するというのはあり得ないこと。若者は熱狂的な拍手を送り、大人たちからはどよめきが起き、大騒ぎになります。

一方で、彼のパフォーマンスは、音楽的な部分だけでなく、R&Bのセクシャルな部分もメインストリームの場所で表現します。曲に合わせて腕を振り、腰を回したり、前に突き出したりする行為は、あまりに淫《みだ》らで下品だと、大人たちの反感を買いました。

テレビ黎明期《れいめいき》に登場し、1950年代から1960年代にかけてアメリカを代表するバラエティ番組として一世を風靡《ふうび》したのが、『エド・サリヴァン・ショー』

『ミルトン・バール・ショー』に出演するエルヴィス・プレスリー。

です。当初、番組のホスト役だったエド・サリヴァン[*2]は、日曜夜の家庭で観られるテレビ番組にふさわしくないと、プレスリーに出演を依頼することはありませんでした。

一方で、サリヴァンのライバル番組『スティーヴ・アレン・ショー』は出演を依頼。プレスリーが登場すると、アレンの番組がサリヴァンの番組を初めて視聴率で上回ることになります。

すると、エルヴィス人気の高まりを見過ごすことはできず、サリヴァンは前言を撤回して、前例のないギャラでプレスリーに出演を依頼します。短い期間に3回も登場し、1回目の1956年9月の放送では、82・6%の視聴率という、現代では考えられない数字を叩き出しました。ただし、バールとアレンの番組でのプレスリーのパフォーマンスを事前に観ていたサリヴァンは、自身の番組プロデューサーに、上半身しか映さないように命じたといわれています。

エルヴィス・プレスリーは「ロックンロール」のスターとして若者たちに熱狂的に迎えられます。

「ロック」も「ロール」も、元はセックスやダンスを意味する黒人英語のスラン

---

*2
エド・サリヴァン
Ed Sullivan (1901-1974)
ニューヨーク州出身。ボクサーを目指していたものの、スポーツ新聞社の記者になった。その後、ニューヨーク・デイリーニューズの劇場コラムニストとなり、ブロードウェイのショーとゴシップについて書き、人気を博す。1948年からテレビ番組『トースト・オブ・ザ・タウン』、1955年からは改名されて『エド・サリヴァン・ショー』の司会者を務める。

グで、1930年代以降のレイス・ミュージック、R&Bの曲名や歌詞では頻繁《ひんぱん》に使われていました。

1950年代初め、白人のリスナーに向けて、白人たちが好みそうな黒人たちのR&BをヘヴィーローテーションでかけまくるめずらしいDJがいました。このDJ、アラン・フリード*3が自分のラジオ番組のタイトルに「ロックンロール」という言葉を用いて、番組内でも黒人たちのR&Bを指してロックンロールという言葉を盛んに使います。

そして、プレスリーの登場によって、白人たちが演奏するR&Bも「ロックンロール」と称されるようになり、ジャンル名として定着します。

プレスリー登場以降、ポップスの歴史は、白人文化と黒人文化のぶつかり合いと融合を繰り返していくことになります。

*3
アラン・フリード
Alan Freed (1921-1965)
ペンシルベニア州出身。高校ではダンス・ミュージックに傾倒し、大学在学中にラジオDJの仕事に関心を持ち始める。兵役後にラジオ局に入社し、1951年から念願のDJを務めるようになった。

プレスリーの黒人リスペクト

エルヴィス・プレスリーはミシシッピ州で生まれ、13歳で家族と一緒にテネシー州のメンフィスに移りました。10歳頃にはギターを買ってもらいますが、内気な性格のため人前で歌うことはできず、もっぱらギターを習いながら、R&Bのレコードを聴いたり、黒人のゴスペルを聴きに出かけたりしていました。そうした少年時代を経て、高校卒業前にはプロになりたいと考えるようになります。

1953年夏、トラック運転手として働いていた18歳のプレスリーはメンフィスにあるサン・レコードのスタジオを訪れ、母親の誕生日に自分の歌を贈るためにレコーディングしたいと申し出ます。録音すると自分の歌がどのように聴こえるのかにも興味があったといいますが、レコード会社の人に見出してもらいたいという野心もあったのかもしれません。

サン・レコードの創業者サム・フィリップスは、自分が見つけ出した黒人ミュージシャンたちの音楽を白人のマーケットにも広げたいと考えていて、「黒人のフィーリングを感じさせる白人歌手」を探しているところでした。

フィリップスとプレスリーが出会い、レコーディングされたブルースのカバー曲は、地元のラジオで話題になります。サン・レコードから5枚のシングルを発売したのち、プレスリーはRCAビクターと契約。1956年に「ハートブレイク・ホテル（*Heartbreak Hotel*）」でメジャーデビューを果たし、7週にわたってチャートの1位を獲得します。

プレスリーが生涯で獲得した『ビルボード』*4のヒットチャートにおけるナンバーワンの数は、ロックのジャンルではビートルズ（98頁）に次ぐものです。

1950年代半ばから後半にかけては、ロック史における最初の黄金期といえます。エルヴィス・プレスリーという超弩級のスターが登場したことで、ロックンロールは熱狂的なブームとなり、後に続けとさまざまなスターが登場します。かつて、白人たちは揶揄する目的で黒人の真似をし、嘲笑していましたが、ついに、リスペクトとして黒人の真似をする時代が来たのです。

*4
『ビルボード』
週刊音楽業界誌。掲載されるポピュラー音楽のヒットチャートはアメリカで最も権威をもつ。

続々登場するロックンロールの担い手たち

プレスリー以降、白人たちのなかにもプレスリーのように黒人のカルチャーやソウルをリスペクトし、それを表現する人が続きました。

プレスリーがＲＣＡに移籍したのちに、サン・レコードからデビューしたのが、ジェリー・リー・ルイス*5です。

貧しい家庭に育ち、酒場のピアノ弾きとして音楽活動を始め、１９５７年にデビュー。「ホール・ロッタ・シェイキング・ゴーイング・オン（*Whole Lotta Shakin' Goin' on*）」「火の玉ロック（*Great Balls of Fire*）」が大ヒットします。立ったまま叩くようにピアノを弾くだけでなく、演奏中にピアノの椅子《いす》を蹴ったり、鍵盤の上に座ったりといった過激なパフォーマンスを行い、ワイルドなピアノを弾くロックンローラーとして人気を集めました。

カール・パーキンス*6はカントリーを演奏していましたが、「エルヴィス・プ

---

*5
ジェリー・リー・ルイス
Jerry Lee Lewis (1935-)
ルイジアナ州出身。過激なパフォーマンスから〝キラー〟と称される。1950年代終わりにスキャンダルで失脚するが、1960年代後半に音楽活動を再開する。

*6
カール・パーキンス
Carl Perkins (1932-1998)
テネシー州出身。貧しい農場主の

レスリーのようになりたい」とサン・レコードのオーディションを受けて、デビューします。

貧しい農家の次男として生まれたパーキンスは、子どもの頃から綿花の農園で働いて、そこで一緒に働く黒人からギターを教わります。兄弟たちと作ったバンドでサン・レコードと契約し、1956年にオリジナル曲「ブルー・スウェード・シューズ（*Blue Suede Shoes*）」を発表しました。

パーキンスの曲はプレスリーやビートルズ、ジミ・ヘンドリックス（131頁）にもカバーされています。ポール・マッカートニーは、「もしもカール・パーキンスがいなかったら、ビートルズはなかっただろう」と評価しています。

現代的なバンドスタイルの確立

〝黒縁メガネで内気な少年〟というイメージのあるバディ・ホリー*7は、やや甘めの声と軽妙なサウンドが特徴。プレスリーのような毒気はありませんでしたが、彼が自身のバンドで取り入れたギター2本、ベース、ドラムという楽器編成は、

家でゴスペルを聴きながら育ち、13歳で地元のコンテストで自作曲を歌って優勝した。

*7
バディ・ホリー
Buddy Holly (1936-1959)
テキサス州出身。22歳での早すぎる死を惜しむ声は多く、ホリーとほかの二人のロックンロールのミュージシャン、リッチー・ヴァレンス、ビッグ・ボッパーが飛行機墜落で亡くなった日を〝音楽が死んだ日〟と呼ぶようになる。

現代のロックバンドのスタイルに大きな影響を与えました。

ホリーは、テキサス州で三人兄弟の末っ子として生まれ、兄たちからギターを教えてもらい、1949年に学校の友人とカントリーのデュオ、バディ&ボブを結成。1955年に地元でプレスリーのステージを見て、そのスタイルに強い衝撃を受けてロックンロールに転向します。1957年に自分のバンド、クリケッツを率いてレコードデビュー。短い音楽活動の後半期には、多重録音(オーバー・ダビング)の手法の一つで、一人の歌声を重ねて録るダブル・トラックを試みるなど、レコーディング技術の可能性も追求しました。また、ヴァイオリンなどの弦楽器のサウンドを導入しています。

ロック初のギター・ヒーロー登場

今やロックとエレキギターは切り離せないものですが、チャック・ベリー*8こそが、ロック最初のギター・ヒーローといえます。

ベリーはミズーリ州の黒人の中流家庭に生まれ、工事請負人だった父親は、教

---

*8
チャック・ベリー
Chuck Berry (1926-2017)
ミズーリ州出身。1931年生まれという説もある。80歳を超えてもステージ活動を続けた。ダックウォークは、持っているスーツが一着しかなく、ズボンの膝が抜けていることを隠すために始めたともいわれる。

会で牧師の補佐も務め、母親は公立学校の校長でした。高校在学中に音楽を始めますが、強盗事件を起こして3年間鑑別所に収監されます。鑑別所では四人組のコーラスグループを作って歌っていました。

21歳で社会に戻った後は地道に働き、1950年代の初め頃から音楽活動を始めます。1955年にマディ・ウォーターズ（46頁）に出会って、チェス・レコードへの売り込みを勧められ、契約に成功。デビュー曲「メイベリーン（*Maybellene*）」はR&Bチャートの1位を獲得しました。

彼は作詞、作曲も行い、学校生活について描くなどティーンエイジャーたちの日々の生活を上手く歌詞にして、共感を呼びました。キャッチーなギター・フレーズと歯切れのよいリズム感がベリーの特徴で、腰を落として片方の膝を曲げ、もう一方の足のかかとでステージを叩くようにして歩く「ダックウォーク」というパフォーマンスも有名です。

チャック・ベリーは多くのミュージシャンを魅了して、ロックンローラーになりたい若者たちの憧れの存在になりました。ジョン・レノンも彼を敬愛し、「ロックンロールに別名を与えるとしたら、それはチャック・ベリーだ」と評していま

ダックウォークをするチャック・ベリー。

す。ローリング・ストーンズ（104頁）のキース・リチャーズもベリーの「ジョニー・B・グッド（*Johnny B. Goode*）」を聴いて、「打ちのめされた。たまげたよ。あれで俺の将来が決まった」と言っています。

ピアノもロックに参入

ロックンロールのバンドの主役は主にギターでしたが、ピアノも大きな役割を果たします。リトル・リチャード*9は、その草分け的なミュージシャンです。ジョージア州に生まれ、父親は教会の執事で、両親ともに信心深い環境で育ちました。最初はゴスペルを歌っていたところ、徐々に世俗的なR&Bに惹《ひ》かれるようになりますが、両親からは「R&Bは悪魔の音楽」と言われ続けます。

また、同性愛者でもあったことから、父親に疎《うと》んじられます。黒人や同性愛への理解が乏しい時代のなかで、リチャードは二重の差別を受け、マイノリティとしての大きな葛藤をもつのです。

---

*9
リトル・リチャード
Little Richard（1932-2020）
ジョージア州出身。1957年の人気の絶頂期に突如引退を発表。大学で神学を修め牧師となり、〝罪深い悪魔の音楽〟としてロックから遠ざかるが、1962年に復帰した。その復帰コンサートの前座がビートルズだった。

皿洗いの仕事をしながらミュージシャンとして下積みを続けて、1955年に「トゥッティ・フルッティ（*Tutti Frutti*）」でデビュー、次々とヒットを飛ばします。きらびやかなファッションや厚い化粧でステージに登場。歌詞は意味不明なところがあるものの、エネルギッシュな歌唱スタイルに激しいアクションのピアノ演奏を伴い、黒人だけでなく白人のファンも多く獲得します。

ニューオーリンズを代表するピアニスト、歌手として知られているファッツ・ドミノ*10も、ロックンロールの創始者の一人です。

彼はフレンチ・クレオールの家庭に生まれ、10歳頃からピアノを始めます。ニューオーリンズのクラブで歌っていたところ、1949年にレコード会社と契約。デビュー作のB面に収録された「ザ・ファット・マン（*The Fat Man*）」がR&Bチャート2位の大ヒットとなりました。ジャズ、ブルースなど、さまざまなジャンルのスタイルを取り入れた曲作りをし、1950年代に次々とミリオンセラーのヒットを出します。

ブギウギ調のピアノを弾きながら楽しそうに歌う姿で親しまれ、当時のヒット曲数でプレスリーに次ぐ人気がありました。ビートルズは四人ともファッツの

---

*10
ファッツ・ドミノ
Fats Domino (1928-2017)
ルイジアナ州出身。本名はアントワーヌ・ドミニク・ドミノで、ファッツは〝太っちょ〟という愛称。代表曲は「エイント・ザット・ア・シェイム（*Ain't That a Shame*）」や「ブルーベリー・ヒル（*Blueberry Hill*）」などがある。

リトル・リチャードは派手なパフォーマンスでもファンを魅了した。

ファンであることが知られています。

いつの時代も「ステマ」は炎上する

当時、レコード会社はラジオで自社のレコードを紹介してもらうために、DJに賄賂《わいろ》を贈るのが慣例でした。これを「ペイオラ」*11といい、これを違法とする法律もなかったため、DJたちはお金を渡されたり、食事に接待されたり、コールガールを派遣してもらったりしていました。

しかし、1958年にアメリカ作曲家作詞家出版者協会（ASCAP）が、ペイオラを激しく非難するようになります。そして議会へと働きかけ、ペイオラは商業上違法であるとする法律が制定されることになりました。ロックンロール人気を担ったDJのアラン・フリードも、レコード会社から賄賂を受け取っていたことが発覚し、スキャンダルに発展してラジオ局から解雇されてしまいます。現代でいう、インフルエンサーがステルスマーケティングで炎上する状況にも似ています。

---

*11
ペイオラ
支払いを意味する「pay」と、ビクターが開発したレコードプレイヤーの代名詞であった「Victrola」からの造語。

フリードは、自身のラジオ番組でロックンロールをかけるだけでなく、全米の各地で積極的にロックンロールのコンサートを開催していたため、保守的な人たちからの攻撃対象となっていました。ペイオラ・スキャンダルは、ロックンロールが大人に強い反感をもたれていたために起こった事件といえます。

流行の中心は、大学生から高校生へ

ロックンロールの熱狂的な渦の背景には、世代間の軋轢《あつれき》があります。

1920年代のアメリカの若者文化は大学生が中心でしたが、第二次世界大戦後は高校生がその担い手となります。戦後の好景気で国が繁栄し、社会が安定していくなかで、ティーンエイジャーたちは親から小遣いをもらい、さらに放課後にはアルバイトをして、経済的な余裕をもつようになります。彼らが消費者として市場に参加し始めたことで、ファッションや映画、そして音楽もティーンエイジャー向けに作られるようになりました。

また、戦後の経済成長でさらに人々が農村から都市へと移り住むようになり、都心が〝人種のるつぼ〟となると、白人の中産階級家庭の多くが郊外の新興住宅地に移り住むようになります。この現象を「ホワイトフライト」といいます。彼らはさらに、家電製品や自動車、ブランド商品、別荘を買い求めました。

経済的、物質的には恵まれるようになりますが、郊外の生活は退屈で、最初に反抗の声を上げたのはティーンエイジャーたちでした。彼らは社会の矛盾に気づき、〝子ども〟として限定的に扱われることにいら立ちを表すようになります。大人とは違う価値観や行動をする世代に注目が集まり、社会は、ティーンエイジャーをはじめとする若者たちが脅威になると気づき始めます。ここで「思春期の反抗＝社会に反抗する若者」というイメージが生まれることになるのです。

さらに、1955年公開のジェームズ・ディーン*12主演の映画『理由なき反抗』や「ロック・アラウンド・ザ・クロック（*Rock Around the Clock*）」を主題歌に用いた映画『暴力教室』が、反抗する「思春期の若者の音楽＝ロックンロール」という図式を定着させます。

『理由なき反抗』は、行き場のない怒りを抱える若者たちが取り返しのつかない

---

*12
ジェームズ・ディーン
James Dean (1931-1955)
インディアナ州出身。エリア・カザン監督に抜擢され、1955年に映画『エデンの東』でデビューするが、自動車事故により24歳で亡くなる。遺作となった『理由なき反抗』『ジャイアンツ』の名演で映画界の伝説になり、1950年代のアメリカのポップ・カルチャーの象徴とされる。

事件を引き起こしていく姿を描き、思春期、反抗期の若者たちのステレオタイプを強調しました。

「ロック・アラウンド・ザ・クロック」は、ビル・ヘイリー&ヒズ・コメッツの曲です。1954年に発売された当初は注目されませんでしたが、戦後世代の非行少年たちを描いた映画『暴力教室』の主題歌として使われたことで、大ヒットとなりました。ロックを「若者の音楽」とする基本的な価値観が、ここで作られたのです。

戦後のアメリカでは、ティーンエイジャーたちの「非行」とともに、奔放な「性」も社会問題になっており、大人たちはどのように若者たちの「性」を管理するかに頭を悩ませていました。そこでセクシャルなイメージを伴っていたR&Bとそこから発展したロックンロールがやり玉に挙がったのです。

また、エルヴィス・プレスリーが登場した当時のアメリカは公民権運動(109頁)の最中《さなか》で、差別的な一部の白人たちはブラックパワーに抵抗を感じていました。そのようななかで登場したプレスリーの歌やパフォーマンスは〝黒人〟を強く意識させるだけでなく、セクシャルな表現も相まって、大人たちの度肝を抜きます。さらに、これに若者たちが大きな賛同を示したことで、社会全体が動揺したのです。

ロックンロールは大人たちや社会を混乱させますが、大人たちがロックンロールに嫌悪を示せば示すほど、若者たちはロックンロールを支持することになりました。

ロックンロールは下火に

熱狂的な盛り上がりを見せたロックンロールでしたが、担い手のスターたちが相次いでいなくなって下火となります。

1957年にリトル・リチャードは突如引退して牧師となり、1958年にエルヴィス・プレスリーがアメリカ陸軍に徴兵されます。ジェリー・リー・ルイスは1958年に結婚問題がスキャンダルとなり、チャック・ベリーは1959年に未成年女性への売春容疑で逮捕される事態となりました。そしてバディ・ホリーは、1959年に22歳の若さで飛行機事故により亡くなってしまいます。

ジェリー・リー・ルイスの結婚スキャンダルは、今であれば完全にアウトなのですが、22歳だったルイスが三度目に結婚した相手はなんと13歳。当時のアメリカ南部ではぎりぎりセーフでも、その奥さんを連れてツアーに行った先のイギリスではドン引きされ、人気が急落してツアーもキャンセルされてしまいます。しかも、アメリカへ戻ったところ、じつは前妻との離婚が成立していなかったことが判明します。重婚していた上に、新しい奥さんは13歳ということで、スキャンダルはますます熱を帯び、国内の音楽界からも追放されてしまいました。

じつのところ、チャック・ベリーの逮捕はやや作為的であり、ロックンロールのミュージシャンは、表舞台から引きずり降ろすチャンスを狙われていたかのようです。「若者を惑わすな」という大人たちからの反撃に、ロックンロールは耐えきれなかったといえるかもしれません。

こうして1950年代終わりに、アメリカ内ではスターが不在となってしまいます。1960年初めにビートルズがイギリスから登場しますが、彼らが現れるまでの数年間、アメリカではニール・セダカ[*13]やポール・アンカ[*14]といった、甘めのポップスが流行ります。ロックのジャンルとしては空白の期間になるわけで、若者たちのエネルギーは発散されず、悶々《もんもん》とたまっていくばかりでした。

プロデューサーのブランド力

1950年代終わりから1960年代にかけての重要人物として、フィル・スペクター[*15]についても触れておきましょう。彼はプロデューサーとして活躍し、「街角から若い黒人の女の子四人を連れてきたら、俺はいつでもヒット曲を作れる」と豪語していました。

ニューヨークにブリル・ビルディングという建物があり、一棟全部に音楽出版社や関連事務所が入居していて、個室で作家たちが曲や詞を書いていました。特に「ブリル・ビルディング・サウンド」と称されていた最盛期の1950年代後半から1960年代にかけては、毎日がコンペのような状態。若い頃のキャロル・キング[*16]や、先ほど紹介したプレスリーの「ハウンド・ドッグ」を作ったジェリー・

---

*13 **ニール・セダカ**
Neil Sedaka (1939-)
ニューヨーク州出身。ジュリアード音楽学校を卒業し、1958年に歌手としてデビュー。作曲家、シンガーソングライターとしても活躍した。「オー・キャロル(*Oh! Carol*)」「恋の片道切符(*One Way Ticket [To the Blues]*)」など多くのヒット曲がある。

*14 **ポール・アンカ**
Paul Anka (1941-)
カナダ・オタワ出身。1960年代初めのブリル・ビルディング作曲家の代表的存在。1957年に自ら歌った自作の「ダイアナ(*Diana*)」が大ヒット。以後、多数のヒット曲を出す。

*15 **フィル・スペクター**
Phil Spector (1939-2021)
ニューヨーク州出身。10代より音楽活動を開始し、高校時代に結成したテディ・ベアーズで「トゥ・

ブリル・ビルディング。

ノウ・ヒム・イズ・トゥ・ラブ・ヒム（*To Know Him Is to Love Him*）」がヒット。その後はプロデューサーとしてヒット曲を量産する。1970年以降はゴシップにまみれた。

*16
キャロル・キング
Carole King（1942-）
ニューヨーク州出身。4歳からピアノを学び、高校生の頃から作曲を始める。1960年代は作曲家として活躍するが、1970年にソロ・デビューし、シンガーソングライターとして活躍するようになった。

リーバーとマイク・ストーラー[*17]もここにいました。

この〝曲の量産工場〟でできたいちばんいい曲を、スペクターは買い占め、歌手たちに振り分けてレコーディングしています。最強の曲に、最強の詞を当てて、ヒットを狙って音楽を世に送り出していたのです。

レコード産業が拡大するにつれてプロデューサーの役割も力も増していた当時、フィル・スペクターの成し遂げたどのような点が新しかったかというと、「プロデューサーの名前でレコードが売れるようになった」ことです。

それまでは、演奏をそのまま再現する、とにかくいい音で録音するという部分は重視されていましたが、音を加工して〝化粧を施す〟発想は希薄でした。スペクターは、声や楽器の音の残響効果を加えるリヴァーブを多用するといった実験や、録音した音の編集技術を追求した、ほぼ最初の人といって差し支えないでしょう。

彼は1960年代の前半に、規格外の人数による演奏で新しいサウンドを生み出します。ある曲のレコーディングではスタジオに、四人のギタリスト、三人のベーシスト、三人のピアニスト、二人のドラマー、大人数のコーラス隊が招集されました。このサウンドは「ウォール・オブ・サウンド」と呼ばれ、のちに日本

***17 ジェリー・リーバーとマイク・ストーラー**
メリーランド州出身のジェリー・リーバー（Jerry Leiber、1933-2011）と、ニューヨーク州出身のマイク・ストーラー（Mike Stoller、1933-）による作曲デュオ。「ハウンド・ドッグ」のほか、「監獄ロック」「スタンド・バイ・ミー（*Stand by Me*）」の作曲で知られる。

では大瀧詠一や山下達郎にも影響を与えています。

スペクターが作り出したサウンドにより、ミュージシャンは誰であれ、「フィル・スペクターのレコーディング技術を聴きたいから、レコードを買う」というニーズが生まれます。プロデューサーのブランド力で曲が売れる、その走りといっていいでしょう。

レコーディング技術への注目を高めたという意味では、音色《おんしょく》の歴史においてスペクターは大きな仕事を成し遂げました。この流れはこの後、ビートルズが行ったレコーディング技術の革新、たとえば「テープを逆再生して遊ぶ」といった発想にもつながっていきます。

Column 2
そのとき
日本の
音楽シーンは
[～1950年代]

ジャズ、ロカビリー旋風を巻き起こせ

ラジオから始まるヒット曲の定着

誤解されがちですが、日本のポップスは第二次世界大戦後に突然人気が出たわけではなく、戦前からヒット曲、今でいう〝昭和歌謡〟がたくさん生まれています。代表的な歌手に、松平晃《まつだいらあきら》[*1]や淡谷《あわや》のり子[*2]が挙げられます。

松平晃は、1933年に古賀政男[*3]の作曲による「サーカスの唄」が大ヒットし、一気にスターの地位へ上りつめました。淡谷のり子は1931年に古賀政男の作曲による「私此頃憂鬱《わたしこのごろゆううつ》よ」をヒットさせ、1937年には服部良一作曲の「別れのブルース」が大流行となっています。

---

*1 **松平晃（1911-1961）**
東京音楽学校（現・東京藝術大学）出身。「サーカスの唄」の後も、「急げ幌馬車」「夕日は落ちて」「人妻椿」などをヒットさせるかたわら、甘いマスクが買われて映画にも多数出演した。

*2 **淡谷のり子（1907-1999）**
東洋音楽学校（現・東京音楽大学）声楽科を首席で卒業。クラシックの歌手として活動を始めるが、家の家計を支えるため流行歌手に転向した。

*3 **古賀政男（1904-1978）**
明治大学在学中にマンドリン倶楽部の創設を担い、音楽家を目指す。作曲活動のかたわら音楽親善大使として世界各地をまわり、戦後は広島平和音楽祭を開催。日本作曲家協会を設立して初代会長に就任。日本レコード大賞を制定するなど音楽界の発展に尽くした。

古賀政男は、服部良一（60頁）と並ぶ昭和を代表する作曲家で、数々のヒット曲を生み出し、これらは〝古賀メロディ〟と称されています。

1930年代半ばになると、ラジオをはじめとするメディアが楽曲を取り上げ、それがヒットに結びつく構図が定着します。当時の全国のラジオ聴取契約者は、1935年に200万人、1939年に400万人となります。

敵性音楽と目されたジャズ

戦前はジャズのヒット曲も多く、1920年代からジャズバンドも活躍していました。

1923年の関東大震災以降、大正から昭和初期にかけて多くの財界人や文化人が大阪、神戸に移り住んだこともあり、「阪神間モダニズム」といわれるモダンな西洋文化を取り入れたライフスタイルが築かれます。日本のジャズシーンも関西に移動し、港町で特に西洋的な建築が多くたち並ぶ神戸が、ジャズの中心になります。

戦時下は軍歌歌謡がもてはやされ、ジャズは敵性音楽として演奏できなくなりますが、ミュージシャンたちは、当時日本統治下にあった上海に渡って演奏を続けました。

戦後になると進駐軍放送でジャズがかかるようになります。ただし、レコードは入手困難で、闇取引や進駐軍から入手するなど限られた人が聴いていました。進駐軍キャンプや将校専用のナイトクラブでは、日本人のジャズバンドが演奏するようになります。軍楽隊出身者が多く、マーチやクラシックを演奏していた人たちが、戦後ジャズに転向。ほかにも学生たちが主催するパーティーでのジャズ演奏の需要もありました。

1950年には、戦前から淡谷のり子のバックバンドで活躍し、戦後は進駐軍で演奏していた日系アメリカ人のティーブ・釜萢《かまやつ》[*4]が、日本ジャズ学校を設立。この日本初のジャズ専門学校では、ペギー葉山[*5]、ミッキー・カーチス（94頁）、平尾昌晃《まさあき》（94頁）らが学んでいます。

戦後、同時期にデビューした同い年の〝三人娘〟として人気を博した人気少女

***4**
ティーブ・釜萢（1911-1980）
日系アメリカ人2世で、1930年代半ばから後半に来日。息子は、スパイダース（134頁）のメンバーとなる、かまやつひろし。

***5**
ペギー葉山（1933-2017）
青山学院女子高等部在学中から進駐軍のクラブで歌い始め、ジャズバンド「渡辺弘とスターダスターズ」の専属歌手になる。高校卒業の1952年にデビュー。代表曲に「南国土佐を後にして」「ドレミの歌」がある。

歌手、美空ひばり[*6]、江利チエミ[*7]、雪村いづみ[*8]もジャズのカバー曲を歌います。この当時のカバーは、英語詞と日本語詞を交互に歌うものが主流でした。

〝歌謡秩序〟の餌食となるロカビリー

日本のポップス史を振り返る際、私は二つの大きなテーマがあると考えています。

①〝歌謡秩序〟の問題
②言語の問題

歌謡秩序とは、歌謡界での風潮を指しています。新しいジャンルが生まれると、作詞家、作曲家といった専業作家によってその要素を用いた曲が作られ、歌謡化（大衆化）を狙います。

言語の問題は、舶来の音楽ジャンルにいかに日本語歌詞を乗せるか、という試

*6
美空ひばり（1937-1989）
1949年に「河童ブギウギ」でレコード・デビュー。以後、「悲しき口笛」「東京キッド」「リンゴ追分」「柔」「悲しい酒」「おまえに惚れた」「愛燦燦（あいさんさん）」「みだれ髪」「川の流れのように」など数々のヒット曲で、国民的歌手となった。

*7
江利チエミ（1937-1982）
バンドマンの父と俳優の母のあいだに生まれ、12歳から進駐軍のキャンプで歌って人気を博す。1952年に「テネシー・ワルツ」のカバーでレコード・デビュー。俳優としても活躍した。

*8
雪村いづみ（1937-）
1953年に「想い出のワルツ」でレコード・デビュー。「オー・マイ・パパ」「青いカナリヤ」「約束」などのヒット曲で人気を確立した。ミュージカル俳優としても活躍する。

みのことです。これは、後の「日本語ロック論争」（170頁）にもつながっていきます。

1950年代半ば、アメリカからロカビリーが入ってきます。ロカビリーは、ロックンロールとヒルビリー（カントリー）が融合して生まれた言葉で、エルヴィス・プレスリーのヒット曲もリアルタイムで日本に入ってきます。小坂一也《かずや》*9がプレスリーの「ハートブレイク・ホテル」をカバーしますが、歌詞はやはり英語詞と日本語詞が併存している状態でした。

当時のダンスホールでは、ハワイアン、カントリーウエスタンのバンドが人気を博していましたが、ロカビリーがそれらにとって代わります。また、渡辺プロダクション主催で「日劇ウエスタンカーニバル」が開催され、平尾昌晃*10、ミッキー・カーチス*11、山下敬二郎*12らが出演してロカビリー旋風を起こし、その人気は決定的になりました。

カバー曲中心のロカビリーで、1950年代の終わりに平尾昌晃がオリジナル曲をヒットさせます。ところが、ロカビリーは専業作家によってすでに〝手垢のついたコンテンツ〟になりつつあり、まもなく下火を迎えることになります。ロ

*9
小坂一也（1935-1997）
高校時代からバンド活動を始め、進駐軍のキャンプを演奏してまわった。1954年に「ワゴン・マスター」でレコード・デビュー。以後、日本語を交えたカバー曲をヒットさせ、アイドル的人気を得た。

*10
平尾昌晃（1937-2017）
1958年に「リトル・ダーリン」でソロ・デビュー。代表曲に「星は何でも知っている」「ミヨチャン」などがある。作曲家としても活躍した。

*11
ミッキー・カーチス（1938-）
父方の祖母、母方の祖父がイギリス人で、幼少時代は上海に疎開する。帰国後、日本ジャズ学校に通う。進駐軍のキャンプまわりをし、ロカビリー歌手として人気を博す。俳優、タレントとしても活躍。

カビリーはまさに歌謡秩序の餌食《えじき》になった代表例といえるでしょう。

1960年代に入り、ビートルズ旋風の前にベンチャーズ[*13]が人気を博します。本国よりも日本で売れる洋楽ミュージシャンを指して〝ビッグ・イン・ジャパン〟と称したりしますが、その先駆けといえます。ベンチャーズは日本の音楽史に大きな影響を与えますが、これも歌謡化します。ベンチャーズが書き下ろした曲を日本の歌手が歌う〝ベンチャーズ歌謡〟が生まれました。

ベンチャーズ人気と、値段的にも手に入りやすいエレキギターが出てきたことで、エレキブームも起こります。この頃にエレキギターと出会った人たちがその後の日本の音楽シーンを担いますが、「ロックは不良の音楽」として、保守的な人たちから敬遠されます。

*12
山下敬二郎(1939-2011)
初期ドリフターズ(サンズ・オブ・ドリフターズ)のメンバーを経て、1958年に日劇ウエスタンカーニバルでポール・アンカの「ダイアナ」を日本語で歌い、一躍有名になった。

*13
ベンチャーズ
The Ventures
1959年結成。1965年に初来日し、「パイプライン(*Pipeline*)」「ダイアモンド・ヘッド(*Diamond Head*)」「十番街の殺人(*Slaughter on Tenth Avenue*)」などのヒット曲で、日本にエレキブームの大旋風を巻き起こした。

第3章

熱狂

1960s~

ビートルズがやってきた

アメリカでのロックンロールが下火になると、
イギリス勢による〝ロック侵略〟が始まります。
一方で、ベトナム戦争や公民権運動を背景に、
若者たちのラヴ&ピースが叫ばれます。

ビートルズ誕生

1950年代の終わり、アメリカではスターの不在によりロックンロールは低調となります。一方のイギリスでは、英語という共通性もあって、ロックンロールが受け入れられていました。

もちろん当時のイギリス国内にもスターはいて、たとえばクリフ・リチャード*1が挙げられます。1960年代に活躍したイギリスのギタリストのなかには、リチャードのバックを務めていたシャドウズ*2から影響を受けた人もたくさんいます。ですが、アメリカからロックンロールがやってくると、瞬《またた》く間にイギリスの音楽好きの若者たちを虜《とりこ》にしました。

ビートルズの出身地であるリヴァプールは港町ということもあり、輸入レコードがいち早く手に入りました。イギリスにおけるアメリカ音楽の最先端の地で、ビートルズもこうした音楽に触れていたのです。

ビートルズはご存じのように、ジョン・レノン、ポール・マッカートニー、ジョー

---

*1
クリフ・リチャード
Cliff Richard (1940-)
インド出身で、8歳でイギリスに移住。エルヴィス・プレスリーの影響で歌い始め、18歳で「ムーヴ・イット (*Move It*)」でレコード・デビュー。大ヒットし、10代のアイドル・ポップ歌手となった。

*2
シャドウズ
The Shadows
1950年代から活動を開始。クリフ・リチャード&ザ・シャドウズとして、ザ・ビートルズが登場する前のイギリスのポップス・シーンをリードした。

1960年代のリヴァプール。

ジ・ハリスン、リンゴ・スターによるバンドです。

1950年代に入るとイギリスで、アメリカ人のアラン・ローマックス（50頁）が自身がフィールドワークで採集したブルースを流すラジオ番組が始まります。そして、20世紀前半にアメリカ南部の黒人たちのバンドが演奏していた、ブルースやジャズ、カントリー、フォークといったルーツ・ミュージックをベースにした音楽「スキッフル」が大流行します。ロニー・ドネガン*3がカバーしたフォークソング「ロック・アイランド・ライン（*Rock Island Line*）」が大ヒットとなり、若者たちによるスキッフルのバンドがたくさん生まれました。

1957年、16歳だったジョン・レノンも高校の友人たちとスキッフルのバンドを結成します。このバンドに、共通の友人を介して知り合ったポール・マッカートニーが参加します。ジョンとポールは、リトル・リチャード、カール・パーキンス、ジェリー・リー・ルイス、そしてエルヴィス・プレスリーのレコードを熱心に聴き漁《あさ》っていたといいます。

ポールは、かねてから友人だったジョージ・ハリスンを誘い、オーディション

***3**
ロニー・ドネガン
Lonnie Donegan
(1931-2002)
イギリス・スコットランド出身。1950年代のイギリスで起こったスキッフル・ブームの第一人者。「ロック・アイランド・ライン」は半年間で300万枚という大ヒットとなった。

を経て加入。彼らはアマチュア時代からライブで腕を磨き、1960年夏からは西ドイツの港町ハンブルクのクラブでもライブを行うようになります。メンバーチェンジや2回のハンブルク遠征を経てイギリスに戻った彼らは、レコード屋のオーナーで、音楽コラムニストだったブライアン・エプスタインと出会います。

エプスタインがマネージャーとなり、1962年にEMIのパーロフォン・レーベルと契約。リンゴ・スターが加わり、オリジナル曲の「ラヴ・ミー・ドゥ（*Love Me Do*）」でデビューします。

デビュー曲でいきなり全英シングルチャートで最高位17位を獲得。1963年の年明けにセカンド・シングル「プリーズ・プリーズ・ミー（*Please Please Me*）」を発表すると、音楽週刊誌のチャートで2位となり、ビートルズは一気にトップスターとして躍り出ます。

イギリス中の若者、特に10代の若い女性たちが熱狂する姿は、社会現象としてとらえられました。コンサート会場の内外ではファンがヒステリックに金切《かなき》り声をあげ、こうした熱狂的なファンは「ビートルマニア」と称されるようになります。

ニューヨークのJFK空港に到着したビートルズ。

熱狂的なビートルズファンたちは、「ビートルマニア」と呼ばれた。

自作自演バンドが主流になる

ファースト・アルバム『プリーズ・プリーズ・ミー』は30週ものあいだ全英アルバムチャート1位に。次いで『ウィズ・ザ・ビートルズ（*With the Beatles*）』も1位を独走するなど、イギリスでの人気は決定的なものとなります。

1964年2月、ビートルズはアメリカ、ニューヨークのジョン・F・ケネディ空港に降り立ちました。アメリカでも熱狂的に迎えられ、本国イギリスをしのぐビートルマニア現象が巻き起こります。

ビートルズはアメリカ上陸後、3週連続で『エド・サリヴァン・ショー』に出演。最初の出演時には全米で7300万人が視聴、72%の視聴率を獲得し、彼らの出演時間のあいだ、町から青少年の犯罪が無くなったという話まであります。

アメリカ進出は大成功を収め、4月1週目のBillboard Hot 100[*4]は、上位5位をビートルズの曲が独占。ビートルズが巻き起こした熱風は、すぐに世界中に波及します。同年夏に主演映画の『ビートルズがやって来るヤァ!ヤァ!ヤァ!』が各国で公開されると、人気に拍車がかかります。

---

*4
Billboard Hot 100
アメリカの音楽週刊誌『ビルボード』に掲載される、1週間のシングル曲の国内売上げ上位100位のランキング。

イギリス勢最初の世界的スターとして挙げられるのは、やはりビートルズといえます。

ビートルズがヒットを飛ばす前は、イギリスの音楽はアメリカで売れないのが定番で、トルネイドース[*5]の「テルスター（*Telstar*）」が唯一といってよく、アメリカのチャートで1位になった初めてのイギリスの曲となりました。

じつはビートルズもアメリカで最初から売れたわけではなく、イギリスでヒットした「プリーズ・プリーズ・ミー」もデビュー当初は低調。大手のキャピトル・レコードと組んで、きちんとしたプロモーションが行われて初めて大ヒットに結びついています。

ビートルズがそれまでのスターと違った点は、バンドのメンバーで曲を書き、みんなで歌ったことです。

15歳ぐらいから曲を書き始めた彼らにとって、自作自演は自然なことだったかもしれません。ですが当時のポップス界では、作曲家、作詞家が作った曲を歌ったり、演奏したりしてヒットが生まれるのが主流でした。自作自演のスターは新鮮で、民主的に映ったのです。

---

*5
トルネイドース
The Tornados
1960年代初めに活動したインストゥルメンタル・バンド。イギリスの名プロデューサー、ジョー・ミークがセッション・ミュージシャンを集めて結成した。

*6
ローリング・ストーンズ
The Rolling Stones
1962年、ロンドンで結成。ブルース、R&Bに根差したサウンドと不良っぽいイメージで、ビートルズに対抗する世界的なバンドとなった。半世紀にわたって、今なお第一線で活躍している。

ビートルズ以降、ポップスは自作自演が主流になり、より作家性をアピールしたミュージシャンが増えていきます。

また、ビートルズによってアメリカ進出の門が開き、ローリング・ストーンズ[*6]、キンクス[*7]、ザ・フー[*8]、アニマルズ[*9]といった多くのバンドが海を渡ります。これが「ブリティッシュ・インヴェイジョン」と称される現象です。

これに対して、1960年代のアメリカ・ポップス界のミュージシャンは、イギリス勢と比べてセールス的には苦しい状況が続きます。生き残れたのはビーチ・ボーイズ[*10]やフォー・シーズンズ[*11]と、モータウン（107頁）のアーティストたちといえる状況でした。

ビートルズが優等生で、ストーンズが不良か？

〃ビートルズのライバル〃とされるローリング・ストーンズですが、彼らはブルースをはじめとする、アメリカの黒人音楽へのルーツ志向がより強いバンドでした。

***7 キンクス The Kinks**
1964年に、ロンドン北部マスウェル・ヒル出身のレイとデイヴのデイヴィス兄弟によって結成。最初のヒット曲は3枚目のシングル「ユー・リアリー・ガット・ミー（*You Really Got Me*）」。全英チャート1位、アメリカではBillboard Hot 100で7位を獲得した。

***8 ザ・フー The Who**
1965年にデビュー。1969年にはアルバム『ロック・オペラ〃トミー〃（*Tommy*）』で「ロック・オペラ」というジャンルを確立。当初のR&Bをベースにしたビート・ロックから、スケールの大きなロックを展開した。

***9 アニマルズ The Animals**
1963年に結成された、イギリス・ニューカッスル出身の五人

イギリスの白人たちに向け、どれだけ本気で黒人音楽を届けられるかという志《こころざし》から出発しています。バンド名もブルース・ミュージシャンのマディ・ウォーターズ（46頁）の曲から取っています。

幼馴染みだったミック・ジャガーとキース・リチャーズは、ブルースやR&B、ロックンロールを好むなど、音楽の趣味が同じであることを知って、バンドを組みます。1962年にメンバーが固まり、1963年にデッカ・レコードと契約。チャック・ベリーのカバー曲「カム・オン（*Come on*）」でデビュー、全英チャートで21位を記録しました。

ローリング・ストーンズは当初、カバー曲が中心でした。ファースト・アルバムにオリジナルはほぼ収録されませんでしたが、ビートルズに触発されるかたちで曲を書き始めます。

ところで、「ビートルズは優等生で、ストーンズは不良」というイメージをもっている方も多いと思いますが、じつは逆です。特にデビュー前は真逆の状況で、ストーンズはメンバー揃ってお坊ちゃま。ミック・ジャガーも育ちが良く、イギリスでもいちばん頭のいい経済の学校に通い、父親からの仕送りで高いレストラ

からなるバンド。翌年にシングルとしてリリースしたフォーク・ソング「朝日のあたる家（*The House of the Rising Sun*）」のカバーがヒット。全英チャート2位を獲得し、脚光を浴びる。

＊10
ビーチ・ボーイズ
The Beach Boys
カリフォルニア出身のウィルソン三兄弟を中心に、1961年に結成。西海岸の若者文化をテーマにしたポップな楽曲で知られている。1963年に「サーフィンU.S.A.（*Surfin' USA*）」が大ヒットとなった。

＊11
フォー・シーズンズ
The Four Seasons
1960年、ニュージャージーで結成。名プロデューサーのボブ・クリューのもとで1962年に「シェリー（*Sherry*）」でデビュー。ドゥー・ワップやR&Bを取り入れたサウンドで人気を得る。

ンで食事をしながら、夜はクラブでブルースを演奏する生活を送っていました。

一方のビートルズは、ハンブルクにある船乗りが飲みに来るバーで、みんなでドラッグをしながら演奏していました。バーではよくケンカもして、最後は売春婦と雑魚寝《ざこね》することもありました。そういう10代を送っていた彼らはある意味、デビューした時点で百戦錬磨だったといえます。

なぜビートルズが優等生のイメージをもたれるようになったかというと、それはマネージャーのプロデュース力のおかげです。ブライアン・エプスタインという優れたマネージャーと出会って、衣装はスーツを着て、ステージ上で煙草を吸うのはやめて、演奏が終わったらお辞儀をするようになります。特に揃いのスーツ姿は、強力なアイコン・イメージになりました。それまでのビートルズは、革のトレンチコートや革ジャンに、髪型はリーゼントでしたから。

R&Bレーベル、モータウン

ここで、デトロイトで設立されたR&Bのレコード・レーベル、モータウンについて触れておきましょう。
モータウンは、それまでの黒人音楽のレーベルとは違って白人層もターゲットにし、泥臭さをあまり強調せず、都会的で甘めなサウンドで勝負したのが特徴的です。代表的なアーティストとしては、シュープリームス[*12]、テンプテーションズ[*13]、スティーヴィー・ワンダー[*14]、マイケル・ジャクソン（179頁）を擁《よう》するジャクソン5[*15]、マーヴィン・ゲイ（152頁）がいます。

1950年代でR&Bを聴いている白人は、進んでいた人たちといえますが、1960年代になるとそうした空気もだんだん和らいできます。かつて、白人であるエルヴィス・プレスリーが黒人文化に寄せて表現したのに対して、モータウンは、黒人たちが万人に向けたR&Bを生み出す、という構図を作ります。
モータウンはインディーズ・レーベルとして登場しますが、短期間で大手のレコード会社と張り合えるほどになります。黒人の中産階級が作った会社がここまでの成功を収めたことは稀だったので、〝黒人のアメリカン・ドリーム〟の象徴となりました。
さらに経営陣は黒人でも、社員は黒人も白人もいる開かれた環境でした。それ

---

*12
シュープリームス
The Supremes
ダイアナ・ロス（Diana Ross、1944-）がリード・ヴォーカルとして在籍した、1960年代のアメリカで人気を博したガールズ・グループ。1962年にレコード・デビュー。1964年に発表したシングル「愛はどこへ行ったの（*Where Did Our Love Go*）」が大ヒットとなる。

*13
テンプテーションズ
The Temptations
デトロイトで活動していた二つのグループから集められた五人で、1961年に結成。代表曲に「マイ・ガール（*My Girl*）」「パパ・ウォズ・ア・ローリング・ストーン（*Papa Was a Rollin' Stone*）」がある。

*14
スティーヴィー・ワンダー
Stevie Wonder (1950-)
ミシガン州出身。幼い頃から非凡な才能を見せ、12歳でデビュー。

までの音楽産業はニューヨークとロサンゼルスが中心で、例外的にカントリーはナッシュビルというのはあったものの、音楽産業にゆかりのないデトロイトから成功したという点でも新しかったといえます。

社会運動とフォーク

1960年代、アメリカ社会の大きなうねりとして挙げられるのが、公民権運動とベトナム戦争への反戦運動といった、社会運動です。

公民権運動は、マイノリティへの差別の撤廃や法の下《もと》の平等、市民としての自由と権利を求める社会運動のこと。1954年、半世紀以上にわたって行われていた教育機関における人種隔離政策が廃止され、これを機に公民権運動は盛り上がりを見せ始めます。

1955年には、アラバマ州でモンゴメリー・バス・ボイコット事件が発生。モンゴメリーの市営バスの黒人席に座っていたローザ・パークスが、白人に席を

盲目の天才少年シンガーとして脚光を浴びる。さまざまな楽器を演奏する、シンガーソングライター、音楽プロデューサーとして活躍する。

*15
ジャクソン5
The Jackson 5
1963年にジャクソン・ファミリーとして始動。翌年に身内二人が加わり、最年少のマイケルをリード・ヴォーカルに据え、ジャクソン5として活動を始める。1968年にレコード・デビューし、1970年代前半に大活躍した。

譲ることを拒否したために逮捕され、これに抗議する路線バスへの乗車ボイコット運動が広がります。利用者の大半を占めていた黒人たちが利用しなくなったことで、市のバス事業は経済的に大打撃を受けることになりました。

この運動を組織したのが、キング牧師の名で知られるマーティン・ルーサー・キング・ジュニアです。キング牧師は、非暴力主義を掲げて抵抗運動を展開します。

1957年、アーカンソー州の公立高校では9人の黒人学生が白人学生から入学を妨害される、リトルロック高校事件が起こります。暴徒化した事態を収拾するために、アメリカ陸軍まで派遣される事件となりました。1960年には、ノースカロライナ州で黒人大学生による〝シット・イン(座り込み)〟が行われるようになります。飲食店の白人専用席に座って、注文に応じてもらえるまで座り続けるというもので、これは各地に広がりました。

そして、リンカーン大統領による奴隷解放宣言から100年にあたる1963年、首都ワシントンで政治集会「ワシントン大行進」が行われます。ケネディ大統領が提案した公民権法の成立を求めた集会で、黒人たちだけでなく、リベラルな白人たちも加わり、二十数万人の大群衆となります。ここでキング牧師が行った「I have a dream（私には夢がある）」から始まる演説は、名演説として知られています。

1960年代のアメリカ社会に大きな影を落としたベトナム戦争の激化と長期化も、新たな社会運動の渦を生みます。アメリカ兵の犠牲も1965年から69年の4年間で3万人を超え、テレビでは生々しい戦場の様子が映像で報道され、国民のあいだに不安感と政府への不信感が漂います。こうしたなかで政府と軍に対する反発から、徴兵の対象となる学生を中心に、戦争批判が大きく広がります。この時流は、知識人やジャーナリストの活動によってさらに高められていきました。

ベトナム戦争は、初めてリアルタイムにメディアで放送された戦争です。そしてベトナム反戦運動は、戦争当事国内で行われる運動としては、前例のない規模となり、反戦と平和を訴える運動は世界各国へと広がります。また、ベトナム反戦運動に立ち上がった学生たちは、大学とも対立するようになり、大学改革を求める学生運動も広がっていきます。

フォークの再燃

こうした運動にかかわる若者たちが聴いていた音楽が「フォーク」です。フォークには、社会における不公平や不正といった社会問題を告発したり、抗議したりするプロテスト・ソングの側面があります。1960年代の社会運動においてその中心となった人物がボブ・ディラン*16でした。「風に吹かれて（*Blowin' in the Wind*）」に代表されるプロテスト・ソングを発表して注目されます。

1950年代終わりから1960年年代にかけてのこうした動きは、「フォーク・リヴァイヴァル」と称されます。

フォークの先駆者の一人がウディ・ガスリー*17です。1930年頃からギターをもって、〝ホーボー〟と呼ばれる、放浪しながら収穫を手伝ってその日暮らしをする労働者として全国をまわり、彼らのことを歌った曲をたくさん作ります。そのスタイルは、訪ねた土地の土着の古い民謡を元に新しい歌詞をつけたものでした。1930年にローマックス親子が収集した歌のなかには、ガスリーの録音

---

*16
ボブ・ディラン
Bob Dylan (1941-)
ミネソタ州出身。出生名はロバート・アレン・ジマーマンで、ボブはロバートの愛称、ディランは詩人ディラン・トマスにちなむとされている。2016年に「アメリカの歌の伝統に、新たな詩的表現を創造した」として、ノーベル文学賞を受賞した。

*17
ウディ・ガスリー
Woody Guthrie (1912-1967)
オクラホマ州出身。1940年代から1950年代にかけて多くのヒット作を発表。生涯で残し

も含まれています。

労働運動にもかかわり、政治や労働者階級の貧困などをテーマにした曲も作りました。〝モダン・フォークの始祖〟と称され、ピート・シーガーやボブ・ディランに影響を与えています。

そして、フォーク・リヴァイヴァルで大きな役割を担ったのが、ピート・シーガー*18です。シーガーの父チャールズは、ローマックス親子と同じく1930年代のフォークの発掘にかかわった民俗音楽学者で、母はヴァイオリニストでした。父の影響でフォークに親しみ、ハーバード・カレッジ中退後は父の友人であったアラン・ローマックスの助手を務めます。ローマックスの後押しでフォーク歌手としての活動を活発化させ、1941年にはアルマナック・シンガーズを結成。労働組合運動や人種問題、宗教融和などをテーマに、〝歌う新聞〟として活動し、ウディ・ガスリーも参加しています。

アメリカ共産党に入党したシーガーは、赤狩りの風潮のなかで次第に活動の場を失っていきます。1950年代終わりから1960年代初めにかけては、音楽教師として各地の学校やサマーキャンプで演奏したり、大学キャンパスで巡業し

た曲は、「我が祖国（*This Land Is Your Land*）」をはじめとして100曲を超えるとされている。

*18
ピート・シーガー
Pete Seeger (1919-2014)
ニューヨーク州出身。環境運動、反核運動にも精力的に取り組み、晩年までさまざまな市民活動に参加した。2009年のオバマ大統領就任記念コンサートのフィナーレではウディ・ガスリーの「我が祖国」を歌っている。

巡業先で演奏をするピート・シーガー。

たりしていました。

シーガーは、レッドベリー（49頁）やウディ・ガスリーの音楽を広めることに力を注ぎます。公民権運動にも深くかかわり、デモや集会では黒人霊歌が原曲の「勝利を我らに（*We Shall Overcome*）」を歌い、この曲は公民権運動を象徴する曲となりました。また、自身の代表作の「花はどこへ行った（*Where Have All the Flowers Gone?*）」はベトナム反戦運動の象徴となっています。


ボブ・ディランは彼らの音楽から大きな影響を受けています。

ディランは、幼い頃から独学でピアノを弾き、高校生の頃はエルヴィス・プレスリーやリトル・リチャードを聴いて、エレキギターを弾き始めます。一方で、ランボーなどフランスの象徴派やシュルレアリスムの文学作品を好んで読んでいました。

大学に入学するも授業には出席しなくなり、エレキギターを売ったお金でアコースティック・ギターを買いなおし、フォーク歌手としての活動を始めます。この頃、ウディ・ガスリーのレコードを聴いて衝撃を受け、1961年に大学を中退。フォークの中心地だったニューヨークへ向かいました。

レコード会社のプロデューサーに見出され、1962年にデビューアルバム『ボブ・ディラン（*Bob Dylan*）』を発表。しかし、当時は商業的な成功には至りませんでした。翌年発表したセカンド・アルバムからのシングルカット「風に吹かれて」がヒットし、彼の代表曲となりました。

ボブ・ディランのロック化

ボブ・ディランは時代の寵児《ちょうじ》になり、フォークのもっていた言語感覚をより文学的に昇華して、ロックへとつなげます。

音楽ジャンルとして「ロック」が定着し始めるのは、この頃です。アメリカでビートルズ旋風が巻き起こり、ボブ・ディランが〝ロックに転向〟した1965年頃からといわれています。

ディランの影響を受けたビートルズは、恋愛の曲を書くのを止《や》め、多様な主題をもつようになります。ビートルズはアメリカ・ツアーの際、ディランに会いますが、その際に「お前たちの詞は面白くない」といわれて、メンバーが感化されたという有名なエピソードがあります。余談ですが、このときビートルズは、ボブ・ディランからマリファナも教えてもらい、これがその後の実験的な作風の伏線となりました。

ビートルズの詞の変化は、リスナーにとってラヴソング以外の世界観を知るきっかけとなります。それまで世間でヒットする曲といえば、恋愛について歌ったものばかり。ビートルズも同様にすべてラヴソングでした。こうしたラヴソングの動きは、さらにほかのバンドにも影響していきます。

逆に、ボブ・ディランもイギリスのロックから影響を受けることになります。それまで〝フォークの貴公子〟だった彼はロック化して、詞もややナンセンスな方向へとシフトし、従来のフォーク愛好家からは批判を浴びました。1965年から66年にかけて行われたツアーでは、前半がアコースティック・ギターでのフォークの弾き語り。後半はエレキギターに持ち替えバックバンドを従えてのロックというステージ構成。最後の演奏前には、客席から「ユダ！(裏切り者！)」とヤジが飛んだという、ディランのロック化を象徴するエピソードがあります。

しかし、このボブ・ディランの変化によって、フォークがもっていたプロテスト・ソングの要素は、ロックに接続されることになったともいえます。

バーズによる「カントリー・ロック」

ボブ・ディランから影響を受けたバンドが、バーズ[*19]です。当初はフォーク・ロックのバンドとして活動していましたが、カントリー・ロックにシフトしたアルバムを制作し、１９６８年に『ロデオの恋人（*Sweetheart of the Rodeo*）』を発表します。

バーズは、１９６５年にボブ・ディランの「ミスター・タンブリン・マン（*Mr. Tambourine Man*）」でデビュー。しかし、メンバーが次々と脱退。グラム・パーソンズが加入しますが、彼は新入りにもかかわらずバンドの音楽スタイルをがらりと変えてしまいます。そして、カントリーが大好きだったパーソンズの意向が強く反映された『ロデオの恋人』が制作され、カントリー・ロックの先駆けとなりました。

---

*19
バーズ
The Byrds
１９６４年、ロジャー・マッギンを中心にロサンゼルスで結成。デビュー翌年にはピート・シーガーの「ターン・ターン・ターン（*Turn, Turn, Turn! [To Everything There Is a Season]*）」をカバーしてヒット。１９６６年にはサイケデリック・ロックの楽曲も発表している。

一般的に、フォークは反体制で政治色が強く、カントリーはどちらかというと保守的な立場をとっています。カントリー・ロックは、ロックと接続したことで保守性はやや薄れましたが、やはりフォーク・ロックとは一線を画すジャンルとして存在し続けます。

「サイケデリック・ロック」

ビートルズは、1966年6月に初来日し、日本での最初で最後となるコンサートを行います。このとき、日本人特有の静かな客席を前に演奏したことで、自分たちのパフォーマンスが落ちてきたことに気づきます。当時の彼らは、どんどんと広くなる会場と、まだそれに対応できない未発達な音響設備のなかで演奏していました。自分たちですらよく聴き取れない劣悪な状況だったのです。

また、デビュー後から続くハードなスケジュールに疲れ、日本公演後に向かったフィリピンでは暴動に巻き込まれたこともあり、1966年8月末のサンフランシスコでのコンサートをもって、一切のライブ活動を止めることを発表。そうして、レコーディングに時間をかけたアルバムを制作するようになります。
ちなみに前年の1965年春、ジョン・レノンとジョージ・ハリスンはLSD（幻覚剤／サイケデリック）と出合っています。

LSDによる神秘体験は、1966年8月に発売されたアルバム『リボルバー（*Revolver*）』に強く影響することになりました。このアルバムでは、音色《おんしょく》で遊ぶようになり、ヴォーカルにエフェクトをつけたり、テープを逆再生させたりといった、録音技術での新しい試みを始めます。こうした試みは、コンサート活動を止め、ライブでの再現性を気にしなくてもよくなったからこそ、できることだったともいえます。

アルバムの最後に収録された「トゥモロー・ネヴァー・ノウズ（*Tomorrow Never Knows*）」の歌詞は、ジョンがハーバード大の心理学者ティモシー・リアリー[*20]の共著『チベットの死者の書　サイケデリック・バージョン』に触発されて書いたものです。

こうしたLSDなどのドラッグによる、幻覚や神秘体験にインスピレーションを受けた音楽を「サイケデリック・ロック」と呼ぶようになります。

---

*20
ティモシー・リアリー
Timothy Leary (1920-1996)
マサチューセッツ州出身。アメリカの心理学者。ハーバード大学で、LSDなどの幻覚剤による人格変容の研究を行った。マリファナ所持で逮捕。脱獄して亡命生活をするが再度逮捕され、刑務所では宇宙移住計画の構想をまとめた。

“コンセプト”でアルバムは芸術の領域へ

サイケデリック・ロックのジャンルに突入した、1966年11月から1967年4月初めにかけて、ビートルズは『サージェント・ペパーズ・ロンリー・ハーツ・クラブ・バンド（*Sgt. Pepper's Lonely Hearts Club Band*）』を制作します。これまで彼らが重ねてきた実験が花開く、ポップス史における最重要アルバムの一つです。アルバムは、架空のバンドがショーをしている設定で、オープニングはバンドのテーマで始まり、最初の数曲がメドレー仕立て、最後にまたテーマに戻ります。

それまでの多くのアルバム制作は、シングル曲を収録することが主な目的で、数合わせとしてカバー曲が収録されることも多くありました。ビートルズの『サージェント・ペパーズ・ロンリー・ハーツ・クラブ・バンド』は、アルバム全体で聴かせるという発想にシフトした、初めての「コンセプト・アルバム」となったのです。ビートルズのコンセプト・アルバムの発表は、ヒット曲から名盤へと、ポップスを評価する新しい視点が生まれた、エポックメイキングな出来事ともいえます。

ビートルズのアルバムはそれまで、イギリス盤とアメリカ盤で収録曲の数や順番、ジャケットのアートワークを替えて発売されることもありました。ほとんどのアーティストがそうでしたが、発売する国に合わせて収録曲やジャケットのアートワークを替えることは普通のことだったのです。そのため、住んでいる地域によっては聴けない曲があることも当たり前でした。

それが1967年に発売された『サージェント・ペパーズ・ロンリー・ハーツ・クラブ・バンド』以降は、収録曲もアートワークもすべての国で同じものが発売されるようになります。歌詞を記載したり、デザイン的な工夫を凝らしたりし始めたのもこの頃で、アートワークの重要性も増していきます。

この傾向はほかのアーティストの作品にも及び、アートワークも含めてアルバムの世界観を伝えるということが重要視されていくようになります。たとえば、クラシック音楽の同じアルバムで、国によって交響曲の第2楽章が聴けたり、聴けなかったり、第1楽章と第2楽章の順番が入れ替わったりすることはあり得ないでしょう。

コンセプト・アルバムの登場は、カウンターカルチャーだったロックが、より芸術性への志向を高め、ハイカルチャーに挑む表れでした。

そして、ビートルズのサイケデリック・ロックへのシフトで、多くのバンドがサイケ・ファッションを取り入れて、サイケデリック・ロックに接近し、アルバムを制作する現象が起こります。

若者たちが訴える〝ラヴ&ピース〟

1960年代半ばになると、若者たちの文化が社会に強く影響を与え始めます。第二次世界大戦後のベビーブームで誕生した子どもたちが、ちょうど成人年齢に達したタイミングだからです。アメリカの総人口の約半数が25歳以下の若者で占められ、若者は社会に対して大きな影響力をもち始めていました。そして、ベトナム反戦運動や公民権運動に共鳴する若者たちを中心に、既存の政治や体制にアンチテーゼを唱える機運が高まっていきます。

〝ラヴ&ピース〟を提唱し、コミューンと呼ばれる共同体を作り、自然回帰を目指す若者たちは、ヒッピーやフラワー・チルドレンと呼ばれるようになります。

彼らは、当たり前とされてきた社会秩序や価値観を疑い、それに反抗します。

すべてのかたちの愛を受け入れ、社会的・経済的な「結婚」のかたちを求めない〝フリー・ラヴ〟の思想も推し進め、これは現代のLGBTにも受け継がれています。

彼らは音楽やアート、ファッションなどでも自分たちの価値観や考え方を表現し始めます。ヒッピーは、保守的でブルジョア的な文化を否定し、旧来の文化をハイカルチャーとして対峙《たいじ》する「カウンターカルチャー」の発信源となりました。

ヒッピーとLSD

ヒッピーは、精神を解放するとして、マリファナやドラッグとも密接に結びつきます。特に、LSDによる神秘体験や幻覚を基にしたカルチャーは、音楽だけではありません。アートやファッションなど垣根を越えて、サイケデリック・ムーヴメントとして広がります

野外コンサート会場に集うヒッピーたち（1960年代後半）。

LSDは、スイス人化学者アルバート・ホフマンが開発した幻覚剤で、きわめて微量でも幻覚や恍惚《こうこつ》状態が起こります。開発当初は精神療法などに利用され、向精神薬の一つでした。

アメリカではティモシー・リアリーがLSDの可能性を訴え、サンフランシスコを中心にヒッピーらのあいだで広まります。当時、リアリーの書籍を売るような店を中心にした、ロック・ミュージシャンや現代美術のアーティストが集まるコミュニティがあって、そこにはオノ・ヨーコ*21もいました。

やがて、LSD服用後に錯乱状態に陥るバッド・トリップによる副作用が知られるようになり、1960年代の末には世界各国で禁止されるようになります。当時の若者たちの多くは、LSDで廃人になったり、ドラッグで命を落としたりするとは思っていなかったでしょう。才能あるミュージシャンも多く命を落としたことは、残念なことです。

*21
オノ・ヨーコ(1933-)
東京出身。ニューヨークで学び、前衛芸術運動フルクサスなどに参加する。1966年にジョン・レノンと出会い、1969年に結婚。レノンとともに音楽活動、平和活動を行い、平和運動イベント〈ベッドイン〉なども知られる。

グレイトフル・デッドの拡散性

ヒッピーとバンドの関係でいうと、グレイトフル・デッド*22に触れないわけにはいきません。

彼らはサンフランシスコで結成された、1960年代のヒッピー・カルチャー、サイケデリック・カルチャーを代表するバンドです。彼らの取り巻きの一人が大量のLSDを生産できる工場をもっていて、それをライブに来るお客さんに配ったりもしています。サンフランシスコの一等地にある彼らの豪邸は、誰でも出入り自由でした。

ライブでも、通常であれば違法録音とされる行為を彼らは容認し、良い音質で録音できるよう、わざわざ専用スペースまで設けています。そうして録音した音源をファン同士で共有することも自由にさせていました。

また、ライブのチケット販売を中間業者に委託せず、直接ファンに販売しました。熱心なファンに確実にいきわたるように管理したのです。また、ファンとの直接のコミュニケーションの場としてファンクラブを運営し、会員のデータベー

---

*22
グレイトフル・デッド
Grateful Dead
1965年にサンフランシスコで結成したバンドが前身。1967年にワーナー・ブラザーズと契約。活動当初は地元のヒッピー・カルチャーと密接な交流を結び、サイケデリック・ロックを聴かせる。1970年頃からは、フォークやカントリーの要素も取り入れ、幅広い音楽性へと発展。中心メンバーだったジェリー・ガルシアの急死で1995年に解散。

ス化にも取り組んでいます。

そうしたバンドの姿勢は「デッドヘッズ」と呼ばれる熱狂的なファンを生み、拡散性をもって音楽が伝播していきました。口コミやファン同士のコミュニケーションによって広がっていく様は、現代のSNSによる拡散性に通じた部分があります。

ウッドストック・フェスティバル

1967年の夏、ヒッピーやカウンターカルチャーに共感する人々が、アメリカでは最もリベラルな地域であるサンフランシスコに集結します。サンフランシスコのヘイト・アシュベリー地区はヒッピー発祥の地であり、彼らにとっていわば〝聖地〟とされていました。この社会現象は「サマー・オブ・ラヴ」と称され、やがて世界各地に広がり、ヒッピーはより大きな影響力をもったムーヴメントに発展します。

その集大成といえるのが、1969年8月にニューヨーク郊外で行われた大規模な野外コンサート「ウッドストック・フェスティバル」です。ポップス史上最も重要かつ、ヒッピーを中心としたカウンターカルチャーを象徴するイベントとされています。

3日間にわたるイベントには、約40万人の若者たちが集結。予想をはるかに超える集客に、事前に販売されていたチケットは意味をなさなくなり、実質的にはフリー・コンサート化します。ステージには、ザ・フー、ジミ・ヘンドリックス、グレイトフル・デッド、スライ&ザ・ファミリー・ストーン（150頁）ら32組のアーティストが上がり、女性初のロックスター、ジャニス・ジョプリン*23も登場しました。

会場へと続く道は若者たちの車で大渋滞。ミュージシャンも渋滞に巻き込まれ、隣町のモーテルに足止めされます。ステージの進行が遅れたり、雨に見舞われて中断が度重なったりしますが、大きな混乱はなくイベントは成功を収めます。

ウッドストック・フェスティバルの成功を受けて、ローリング・ストーンズもカリフォルニア州のオルタモントで、似たようなフリー・コンサートを企画しま

*23
ジャニス・ジョプリン
Janis Joplin (1943-1970)
テキサス州出身。レッドベリーのレコードを聴き、ブルースの影響を受ける。大学中退後、1963年にサンフランシスコに移り、同地のロック・シーンの中心人物となる。圧倒的な歌唱力がレコード会社の目に留まりレコード・デビュー。私生活では酒やドラッグへの依存が強く、ヘロインの過剰摂取で急死した。

3日間で約40万人が訪れたウッドストック・フェスティバル。

す。そのコンサートの警備に、ヘルズ・エンジェルスという、今でいうと半グレ集団のようなチームを雇います。彼らに支払われたギャラがビールだったことからも、おそらく当時のコンサートの警備に対する意識は薄かったのでしょう。

このコンサートは準備不足もあって大混乱となり、結果、ヘルズ・エンジェルスの一人が、黒人の若い青年を殺害する事態となりました。この事件は〝オルタモントの悲劇〟ともいわれ、〝ラヴ&ピース〟の時代に終わりを告げる象徴的な出来事とされています。

ジミ・ヘンドリックスの実験性

1960年代に登場したミュージシャンについて、もう少し見ていきましょう。

1960年代半ばには、ジミ・ヘンドリックス*24という、天才ギタリストが現れます。15歳でギターを始め、ロバート・ジョンソンやマディ・ウォーターズ、プレスリーのレコードを聴いて練習しました。1963年に軍を除隊したのちに

*24
ジミ・ヘンドリックス
Jimi Hendrix (1942-1970)
ワシントン州出身。イギリスで発表したデビュー曲「ヘイ・ジョー（*Hey Joe*）」は全英チャート6位を記録している。

音楽活動を始め、数々のアーティストのバックミュージシャンとしてレコーディングやライブに参加し、1966年にイギリスに渡ります。ロンドンではジミ・ヘンドリックス・エクスペリエンスを結成。彼のギターは当時のイギリスのミュージシャンやアーティストたちに衝撃を与え、評判を呼びます。ビートルズやローリング・ストーンズのメンバーなどが連日ライブを見にくるほどでした。

それまでのロックバンドでは、ギターはアンサンブルを奏でる一つのパートでしかありませんでした。ヘンドリックスは、ギタリストをバンドの花形としての地位に押し上げるのに大きく貢献します。この頃には、技術の進歩で楽器の音を大きく出せるようになります。アンプとエフェクターといった機材の発展で音を歪《ひず》ませることができるようになったことも、バンドのサウンドのなかで役割が大きくなるきっかけとなりました。

また、ロックにジャム（即興）の要素が取り入れられていくようになります。こうした傾向はヘンドリックスだけでなく、エリック・クラプトン（138頁）が結成したクリーム（141頁）にも見られます。ヘンドリックスは、ウッドストック・フェスティバルでアメリカ国歌を演奏し、ベトナム戦争の人々の叫び声や爆撃の音をギター一本で表現しました。この辺りから、ミュージシャンの奏者としての個性や技巧がより注目されていくのです。

ヴェルヴェット・アンダーグラウンド

ニューヨークでは、1964年にヴェルヴェット・アンダーグラウンド*25が結成されます。彼らの演奏を気に入った、アンディ・ウォーホル*26がプロデュースし、ウォーホル自身がデザインした〝バナナのジャケット〟で有名となる『ヴェルヴェット・アンダーグラウンド・アンド・ニコ（*The Velvet Underground and Nico*）』で1967年にデビューします。

ヴォーカルのルー・リードによる衝撃的な歌詞に、現代音楽家ジョン・ケイルのサウンドで注目されます。特にリードは、歌詞にヘロインやSMを取り上げ、薬物中毒者が街で売人を待っている話を曲にするなど、タブーに切り込んで音楽の表現を拡張しました。彼らは商業的な成功には至りませんでしたが、のちのオルタナティヴ・ロックやパンク・ロックの先駆者的な役割を担います。

---

*25
ヴェルヴェット・アンダーグラウンド
The Velvet Underground
ルー・リード、ジョン・ケイルを中心にニューヨークで結成。ウォーホルとはその後袂を分かち、メンバーチェンジを経て、1970年に解散。1993年には一時的に再結成している。

*26
アンディ・ウォーホル
Andy Warhol (1928-1987)
ペンシルベニア州出身。1950年代は商業デザイナーとして活躍。1960年代にアーティストとしての地位を確立する。ポップ・アートの最重要人物とされる。

Column 3
そのとき
日本の
音楽シーンは
[〜1960年代]

グループ・サウンズ

ビートルズが日本に与えた影響

1966年にビートルズが来日します。

当時は超弩級の人気アーティストを迎えるコンサート会場もなく、日本武道館が候補となります。前例がなかったこともあり、「不良の音楽を神聖な場所で行うとは、けしからん」と、一部から反発もありました。しかし、結果としてビートルズがコンサートをしたことで、日本武道館は「日本で最も知名度があるコンサート会場」というブランドを獲得しました。ちなみに、このときの前座を務めたのがドリフターズ*1です。

---

*1 ドリフターズ
1957年に結成。コミックバンドとして活動を開始し、1969年以降は主としてコントグループとしてテレビを中心に活躍した。

*2 スパイダース
1961年に田辺昭知により結成。1964年頃までにかまやつひろし、堺正章、井上順らが加入する。ビートルズやローリング・ストーンズなどの影響を受け、1965年「フリフリ」でデビュー。GSブームの先駆けとなった。「夕陽が泣いている」「あの時君は若かった」が大ヒット。1971年解散。

*3 タイガース
大阪でローリング・ストーンズのナンバーなどを演奏して高い人気をもっていたグループが上京。1967年に「僕のマリー」でレコード・デビューする。以後、「モナリザの微笑」「君だけに愛を」

ブリティッシュ・インヴェイジョンの音楽が一気にやってきて、日本では若者を中心に「グループ・サウンズ（GS）」というバンド形態での音楽が流行します。代表的なグループに、スパイダース*2、タイガース*3、テンプターズ*4、カーナビーツ*5、ジャッキー吉川とブルー・コメッツ*6などが挙げられます。沢田研二を擁するタイガースと、萩原健一を擁するテンプターズは、ビートルズとローリング・ストーンズのようなライバル関係にあり、特に注目を集めました。

〝歌謡秩序〟から抜け出せない日本

GSは1967年から69年にかけて、女子高生がコンサート会場で失神して社会問題になるなど、熱狂的な人気となります。ですが、旧来の〝歌謡秩序〟を打ち破ることはできませんでした。イギリスでビートルズが推し進めたような、自ら作詞作曲を行うスタイルを日本の音楽業界ではまだ実現できなかったのです。

ライブハウスやクラブなどでは、海外のカバー曲を中心に自作曲も織り混ぜて演奏していました。しかし、いざレコードでシングル曲を出すとなると、レコー

をはじめとする多くのヒット曲を放つが、1971年の日本武道館コンサートを最後に解散する。

*4 **テンプターズ**
1965年に結成。メンバー・チェンジを経て、1967年に「忘れ得ぬ君」でレコード・デビューする。「神様お願い！」などヒット曲を生むが、1971年に解散した。

*5 **カーナビーツ**
1967年のレコード・デビュー曲「好きさ好きさ好きさ」が大ヒット。ドラム兼ヴォーカルのアイ高野の美声と甘いルックスで人気を集めた。活動期間は短く、1969年に解散。

*6 **ジャッキー吉川とブルー・コメッツ**
米軍キャンプまわりをしていたバンドマンを中心に結成されたグループが母体。1963年にジャッ

ド会社の意向に沿って、作曲家や作詞家の書いた曲を演奏せざるを得なかったのです。ビジネス的なコントロール下で、「今回はコンペで良かったこの曲にしましょう」「去年ヒット曲を出したこの作曲家に依頼しましょう」といったような〝会議室で決まった音楽〟でレコードを出します。そしてロカビリーと同じように歌謡の世界に取り込まれるのです。

「ライブではシングル曲はやりません」と、硬派な姿勢を見せるバンドもありました。しかし、カバー曲の演奏が主流だったことからも、自主性の獲得には至りませんでした。

アーティストが主導権をもって曲を作るという点では、この頃の日本のロックはまだ黎明期といえます。ただし、のちにロックがメインストリームとして日本に根づく下地を作ったという点では、グループ・サウンズの影響は非常に大きいものでした。

1980年代の終わりには、「ネオGS」のリヴァイヴァル現象も起き、コレクターズ、ファントムギフトといったバンドも登場します。

キー吉川がリーダーとなり、1966年に「青い瞳」でレコード・デビュー。翌年の「ブルー・シャトウ」が大ヒットとなった。

第4章

変化

1970s~

ロックは、派生の時代に突入する

ロックは「ビートルズ」という船頭を失いました。
後進たちが、進化の可能性を模索するなか、
ロックは初めて、ロックに反抗してみせるのです。

ロックはより〝ハード〟に

1960年代に多くのミュージシャンに影響を与えたビートルズは、1966年のコンサート活動の中止、1967年のマネージャー、ブライアン・エプスタインの死、アルバム『サージェント・ペパーズ・ロンリー・ハーツ・クラブ・バンド』という一つの音楽的到達点を経て、次第にバンド内の不和が深刻になっていきます。そして、1970年末の解散へと至りました。

ちなみに1970年には、ジミ・ヘンドリックス、ジャニス・ジョプリンが、いずれも27歳で亡くなっています。その前年にはローリング・ストーンズの元メンバーのブライアン・ジョーンズが、1971年にはドアーズ[*1]のジム・モリソンも27歳で命を落としています[*2]。

才能ある若いミュージシャンが次々とステージを去り、ビートルズという大きな存在も失いますが、ロックは新しい変化を見せ始めます。

まず、1960年代終わりから1970年代の初めにかけて、ハードロックの

---

*1
ドアーズ
The Doors
カリフォルニア大学ロサンゼルス校映画科の学生だった、ジム・モリソンとレイ・マンザレクを中心にグループを結成。モリソンの哲学的な詞とカリスマ性、サイケデリックなサウンドで人気を得る。1971年にモリソンが死去し、バンドは1973年に解散。

*2
27クラブ
1969年から71年のあいだに、ブライアン・ジョーンズ、ジミ・ヘンドリックス、ジャニス・ジョプリン、ジム・モリソンといった人気ミュージシャンが相次いで〝27歳〟で死亡したことで、ついた名称。ロバート・ジョンソン（45頁）やカート・コバーン（181頁）らの名も挙げられる。

*3
エリック・クラプトン
Eric Clapton (1945-)
イギリス・サリー州出身。バンドが商業的な方向に進むとヤード

礎《いしずえ》が築かれます。その重要人物として、三人のイギリス人ギタリストについて触れておきましょう。エリック・クラプトン[*3]、ジェフ・ベック[*4]、ジミー・ペイジ[*5]です。彼らは同年代のギタリストで、いずれもヤードバーズ[*6]に在籍していました。

エリック・クラプトンは、ブルースのレコードを聴きながら独学で15歳からギターを弾き始めました。1962年、17歳でR&Bのバンドに入り、翌年にヤードバーズに加入しています。

ジェフ・ベックは、10代でロックンロールに興味をもちます。ガット・ギターを手に入れますがそれに飽き足らず、煙草の容器や模型飛行機用の鉄線を使ってギターを自作するなど、のめり込んでいきます。1965年に、10代から知り合いだったジミー・ペイジの推薦で、エリック・クラプトンの後任としてヤードバーズに加入しました。

ジミー・ペイジも独学でギターを始め、毎日ギターを持って学校に通いました。

バーズを脱退。その後ブルースブレイカーズに加入し、ブルース・ギタリストとしてのスタイルを確立した。ブラインド・フェイスなどを経て、1970年にソロアルバムを発表。

*4
ジェフ・ベック
Jeff Beck (1944-)
ロンドン出身。ヤードバーズ時代は、「ハートフル・オヴ・ソウル(*Heart Full of Soul*)」などがヒット。自身のグループは1969年解散。1971年に第2期ジェフ・ベック・グループを結成するが、翌年解散。ベック・ボガート&アピスを経て、ソロ活動を展開する。

*5
ジミー・ペイジ
Jimmy Page (1944-)
イギリス・ミドルセックス州出身。レッド・ツェッペリン解散後は、1984年にジェフ・ベックらとハニー・ドリッパーズを、1985年にはザ・ファームを結成。

エリック・クラプトン（上）、ジェフ・ベック（右下）、ジミーペイジ（左下）。

*6
ヤードバーズ
The Yardbirds
有名ギタリストを輩出し、レッド・ツェッペリンの母体ともなったグループ。1963年にロンドンの郊外で結成。ロンドンで人気のあったナイトクラブ『クロウダディ・クラブ』で、ローリング・ストーンズの後を引き継ぎ、活動した。

*7
ジャック・ブルース
Jack Bruce（1943-2014）
スコットランド出身。王立スコットランド音楽演劇アカデミーで作曲を学びながら、ジャズに傾倒。クリームではリード・ヴォーカルのほか、ベース、ハーモニカ、チェロ、ピアノなどを担当。常にソロのように弾くベースプレイは多くのベーシストたちに影響を与えた。

*8
ジンジャー・ベイカー
Ginger Baker（1939-2019）
ロンドン出身。15歳でドラムを始

10代の頃からスタジオ・ミュージシャンとして活躍し、ヤードバーズには1966年にベーシストとして加入。その後、病気になったベックの代役でギターに転向します。ベックの回復後、バンドはツインリード・ギターのスタイルを取り、それがバンドの売りとなりました。

ヤードバーズ脱退後、クラプトンは、ブルースブレイカーズを経て、ジャック・ブルース[*7]、ジンジャー・ベイカー[*8]とともにクリーム[*9]を結成します。このときすでに三人とも有名なミュージシャンだったため、クリームはポップス史上初の〝スーパー・グループ〟となりました。ベックは自身の名前を冠したグループで、革新的な奏法をフィーチャーした、大音量の音楽を展開します。そして、やや遅れてペイジがレッド・ツェッペリン[*10]を結成し、今日イメージされるハードロックのかたちを作ります。

クラプトン、ベック、ペイジ、彼ら三人に共通する特徴は、ブリティッシュ・インヴェイジョンのバンドと違って、ヴォーカルだけでなく演奏にも重きが置かれたことです。サイケデリック・ロックからの流れを引き継ぎ、即興の要素がより多く用いられています。

め、多くのジャズ・バンドを渡り歩く。1960年代にジャック・ブルースと出会うが、二人はしばしば衝突した。クリーム解散後は、クラプトンらとブラインド・フェイスを結成。その後もさまざまなバンドで活躍した。

*9
クリーム
Cream
1966年に結成。ファースト・アルバム『フレッシュ・クリーム（*Fresh Cream*）』は全英アルバムチャート6位を獲得。ブルース、サイケデリック・ロックをベースに大胆な即興演奏を行った。1968年に解散後も、一時的な再結成でライブを行った。

*10
レッド・ツェッペリン
Led Zeppelin
ヤードバーズ分裂後、1968年にジミー・ペイジにより結成。翌年のセカンド・アルバム『レッド・ツェッペリンII（*Led Zeppelin II*）』が全英アルバムチャート1位を獲得。1980年の解散までハードロックを代表するバンドとし

日本では、レッド・ツェッペリンに加え、ディープ・パープル*11、ブラック・サバス*12で、三大ハードロックとしています。ハードロックは、それまでのロックよりもヘヴィな音楽志向で、ハイトーンでシャウトするヴォーカルが特徴です。なかでも、特に日本で人気のあるディープ・パープルは、クラシカルな要素を取り入れたバンドとして位置づけられています。1972年8月の来日公演も好評で、日本のハードロック・シーンに大きな影響を与えました。

ハードロックのなかでも、スピード感を追求したり、大音量を重視したりといったさまざまな傾向があるなかで、ブラック・サバスはサウンドの重厚感に重きを置きました。

このコンセプトに大きく貢献したのが、結成メンバーの一人でギタリストの、トミー・アイオミです。彼は、プロデビュー前に板金工として働いていましたが、不慮の事故により右手の中指と薬指の先端を失っています。アイオミは左利きのため右手で弦を押さえるのですが、通常のチューニングだと、弦が硬くて押さえられないのです。そこで、指先にプラスチック製のキャップをつけて演奏をするようになります。加えて、チューニングを下げることにより、弦のテンションを

て活躍し、ブルース、フォークから中近東音楽まで幅広い音楽性を吸収した。

***11 ディープ・パープル Deep Purple**
1968年にイギリスで結成。長い活動期間に何度かメンバーチェンジが行われている。1976年に解散したが、1984年に再結成している。代表曲に「ハイウェイ・スター(*Highway Star*)」「スモーク・オン・ザ・ウォーター(*Smoke on the Water*)」などがある。

***12 ブラック・サバス Black Sabbath**
1967年にイギリス・バーミンガムで結成されたバンドが前身。"1970年2月13日の金曜日"にアルバム『ブラック・サバス(*Black Sabbath*)』でデビュー。同年発表のセカンド・アルバム『パラノイド(*Paranoid*)』が全英アルバムチャート1位を獲得した。

レッド・ツェッペリン（上）、ディープ・パープル（右）、ブラック・サバス（左）。

緩めています。一般的なチューニングに対して、1音から、場合によっては4音半も下げることもありました。だるだるな弦から奏でる音は、結果的にバンド特有の「重たいサウンド」として認知されることにつながったのです。

ブラック・サバスは、ヘヴィメタルの第一号とも評され、オルタナティヴ・ロックにも大きな影響を与えます。

アメリカでのハードロック・バンドはイギリスほど多くありません。当時のバンドとしては、エアロスミス[*13]、キッス[*14]、グランド・ファンク・レイルロード[*15]がこのジャンルに該当します。

〝プログレッシブ〟に、さらに壮大に

1960年代に一大ムーヴメントとなった、サイケデリック・ロックがもつ実験精神を継承し、コンセプト・アルバムを追求する流れも出てきます。

サブカルチャーとされていたジャズも、この頃になるとハイカルチャーと認識

---

*13 **エアロスミス**
Aerosmith
1970年代初めにアメリカ・ボストンで結成。1973年にアルバム『野獣生誕（*Aerosmith*）』でデビュー。1975年発表のアルバム『闇夜のヘヴィ・ロック（*Toys in the Attic*）』でブレイクした。

*14 **キッス**
KISS
1974年にアルバム『キッス（*Kiss*）』でデビュー。アメリカ東海岸を拠点に活動し、ライブで徐々に力をつけ、1975年のライブ盤『地獄の狂獣 キッス・ライヴ（*Alive!*）』でブレイクした。

*15 **グランド・ファンク・レイルロード**
Grand Funk Railroad
1968年にアメリカ・デトロイトで結成、1969年にデビュー。レッド・ツェッペリンのアメリカ公演の前座を務め、注目される。1976年に解散するが、1

された始めていました。そこで、ロックもハイカルチャーとカウンターカルチャーのあいだにある壁を越えられるのではないかと、クラシックやジャズの要素を取り入れ、より壮大な音楽を展開します。

これが「プログレッシブ・ロック」、いわゆる「プログレ」です。

プログレッシブ・ロックの草分け的存在と位置づけられるのが、イギリスのムーディー・ブルース[*16]とプロコル・ハルム[*17]。そしてプログレのサウンドを完成させたのが、キング・クリムゾン[*18]です。

キング・クリムゾンは、ギタリストのロバート・フリップを中心に、1969年にロンドンで結成。デビュー・アルバム『クリムゾン・キングの宮殿（*In the Court of the Crimson King*）』は、ビートルズが示したコンセプト・アルバムからさらに進化した一つの到達点といえます。

たとえば「プログレッシブ・ヒップホップ」というように、プログレッシブという言葉は、外国ではどんなジャンルの頭にも気軽につけられます。「プログレッ

981年に再結成。

***16**
ムーディー・ブルース
The Moody Blues
イギリス・バーミンガムで結成。1964年のデビュー当初はR&Bやブルース色の濃いサウンドだったが、大幅なメンバー交代を経てプログレッシブ・ロック路線にシフト。いち早くメロトロン（アナログ方式サンプル音声再生楽器）を取り入れている。

***17**
プロコル・ハルム
Procol Harum
バッハの組曲に着想を得た、1967年のデビュー曲「青い影（*A Whiter Shade of Pale*）」が全英シングルチャート6週連続1位を獲得。その後、世界的な大ヒットとなった。クラシックやブルースの要素を色濃く入れた作風をもつ。

***18**
キング・クリムゾン
King Crimson
『クリムゾン・キングの宮殿』は

五大プログレの、キング・クリムゾン（上）、ピンク・フロイド（右中）、イエス（左中）、エマーソン・レイク&パーマー（右下）、ジェネシス（左下）。

全英アルバムチャート5位まで上昇。メンバーチェンジを重ねながら、『太陽と戦慄（*Larks' Tongues in Aspic*）』『レッド（*Red*）』などの話題作をリリースした。

*19
ピンク・フロイド
Pink Floyd
1965年結成。バンドの中心人物だったシド・バレットは、1968年に脱退。その後、デヴィッド・ギルモアが加入し、長いインストを含んだ曲構成を取り入れた大作志向となった。

*20
イエス
Yes
1968年結成、1969年レコード・デビュー。1971年のサード・アルバム『イエス・サード・アルバム（*The Yes Album*）』によ

シブ」とは、「先進的な」「漸進《ぜんしん》的な」といった意味なので、とにかく進歩的、革新的な音楽であるのが本質です。今から振り返ってみると、プログレッシブ・ロックのサウンドの特徴をなんとなくまとめることもできますが、当時は「本当に新しいことをやろう」という感覚をもっていることが重要でした。

日本では「五大プログレ」として、キング・クリムゾン、ピンク・フロイド*19、イエス*20、エマーソン・レイク＆パーマー*21、ジェネシス*22が挙げられます。

ピンク・フロイドは、1960年代の後半に、サイケデリック・ロックのバンドとしてデビューします。シングル曲でヒットを出していましたが、ソングライター兼ヴォーカルのシド・バレットがLSDの副作用により精神を病み、メンバーチェンジを経て、現代音楽寄りの実験音楽に取り組むようになります。そうした試行錯誤を経て、プログレッシブ・ロックへと到達しました。

1973年にアルバム『狂気（*The Dark Side of the Moon*）』を発表し、全世界で大ヒットとなります。アメリカのBillboard 200*23において15年間にわたってランクインし続けるというメガセールスを記録しました。

り、プログレッシブ・ロックの方向性が固まる。

***21**
エマーソン・レイク＆パーマー
Emerson, Lake & Palmer
1970年結成。キャリアと知名度をもつミュージシャンによるバンドとして、〝スーパー・グループ〟と称される。クラシックや現代音楽とロック・ミュージックの融合を推し進めた。

***22**
ジェネシス
Genesis
イギリスの名門パブリック・スクールの生徒たちによる二つのバンドが母体となり、1967年に結成。1980年代以降は、時期によってスタイルを大幅に変えていく。

***23**
Billboard 200
アメリカの音楽週刊誌『ビルボード』に掲載される、1週間のアルバム国内売上げ上位200位のランキング。

『狂気』は、最初曲から最終曲まで一つにつながった作品のようになっていて、哲学的な歌詞や音響的な実験がちりばめられました。これもコンセプト・アルバムの傑作の一つとして挙げられます。

ジャズとロックの融合「フュージョン」

ロックが他ジャンルとの融合を試みている一方で、ジャズ界ではトランペット奏者、マイルス・デイヴィス[*24]がロックへと接近します。

彼は、ジミ・ヘンドリックスやスライ&ザ・ファミリー・ストーン（150頁）の音楽を熱心に聴いていて、ジャズにも彼らの音楽を取り入れようとしていました。そこで、ピアノの代わりにフェンダー・ローズ（フェンダー社のエレクトリック・ピアノ）を用いるなど、これまでアコースティックが基本だったジャズで、禁じ手とされていたエレキ化を試みます。

旧来のジャズ・ピアニストは、「そんな楽器は弾けない。バンドを辞める」と

*24
マイルス・デイヴィス
Miles Davis（1926-1991）
イリノイ州出身。1945年にチャーリー・パーカーのバンドでデビュー。クール・ジャズ、ハード・バップ、モード・ジャズ、フュージョンなど、時代に応じてさまざまな音楽性を見せて、モダン・ジャズの中心人物として活躍した。

抵抗する人もいましたが、デイヴィスはそれでもあきらめませんでした。ギタリストにはギャンギャンと音を歪ませることを要求し、ベーシストにはウッドベースではなくエレキベースを弾かせます。

こうした革新的な試みは、ジャズとロックを融合させた「フュージョン」というジャンルを生み出しました。その代表的なアルバムが、デイヴィスが1970年に発表した名盤『ビッチェズ・ブリュー（*Bitches Brew*）』です。日本では当時は「クロスオーバー」と称されましたが、これがフュージョンの音楽の原点となります。

この時期のデイヴィスのバンドには、チック・コリア、キース・ジャレット、ジョン・マクラフリン、ジョー・ザヴィヌル、ビリー・コブハムなど、錚々《そうそう》たるミュージシャンらが在籍していました。やがて彼らがリーダーとなるバンドが結成され、それぞれジャズ界に大きな影響力をもちます。

リズムを主役にした「ファンク」

同時期のR&Bの様子も見ておきましょう。

1960年代半ばに、ソウルから「ファンク」が生まれます。ジェームス・ブラウン[*25]はその代表的なアーティストです。

ホーン・セクションを打楽器の発想で用いて、ギターではカッティングを重視する、音楽の三原則のうちのリズムをより強調した音楽を展開しました。バンド全体をドラムセットとしてとらえた発想の音楽といえるかもしれません。

ファンクのリズムを楽しむ発想は、ヒップホップの源流となります。ジェームス・ブラウンが1970年代に発表した「ファンキー・ドラマー（*Funky Drummer*）」は、ドラムソロだけで構成されているような曲ですが、のちにヒップホップのアーティストたちの絶大な支持を得て、世界で最もサンプリングされた作品となりました。

スライ&ザ・ファミリー・ストーン[*26]は、サンフランシスコを本拠地に1960年代終わりから1970年初めにかけて活躍したバンドです。人種も性別も混成で、ピースフルでリベラルな新しい感覚や、サイケデリックな質感ももっていました。

***25**
ジェームス・ブラウン
James Brown（1933-2006）
サウスカロライナ州出身。1956年にフェイマス・フレイムズを率いてデビュー。ソウルフルな歌唱と革新的なファンクのサウンドで、〝ゴッドファーザー・オブ・ソウル〟と称される。

***26**
スライ&ザ・ファミリー・ストーン
Sly & the Family Stone
スライ・ストーンを中心に、家族や友人たちで結成。1968年に発表した「ダンス・トゥ・ザ・ミュージック（*Dance to the Music*）」や「エブリデイ・ピープル（*Everyday People*）」で注目される。

1971年に発表したアルバム『暴動（*There's a Riot Goin' on*）』からのシングルカット、「ファミリー・アフェア（*Family Affair*）」は、ドラムマシンを使ったヒット曲としてはほぼ最初期の曲です。ドラムマシンは、ドラムパートを自動演奏させるために開発された電子楽器の一つ。無機的な要素と有機的要素の混合の可能性を追求し、これ以降のポップスのリズムの考え方に影響を与えます。

『暴動』は、バンドの中心人物、スライ・ストーンが自宅スタジオ中心に、自分で複数の楽器を演奏して重ね録りするレコーディング方法で制作されました。1970年に発表されたポール・マッカートニーのソロ・アルバム『ポール・マッカートニー（*McCartney*）』も、ロンドンの自宅で、自分で演奏して制作した作品です。これらは今では広く行われている「自宅録音」の走りといえます。

1970年代には、「Pファンク」も登場します。

ジョージ・クリントンが同時進行で手がけていた音楽集団に、ファンカデリックと、パーラメントがあります。この二つのグループの音楽を総称してPファンクといいます。メンバーの一部が重複していて、音楽性にも共通点があり、違いがややわかりにくいのですが、ファンカデリックはより実験志向が強く、アナーキーでロック志向なプロジェクトでした。

R&Bレーベルのモータウンでは、マーヴィン・ゲイ[*27]が1971年にコンセプト・アルバム『ホワッツ・ゴーイン・オン（*What's Going on*）』を発表します。アフリカン・アメリカンにとって音楽はライブやクラブで踊って楽しむ側面が強く、ビートルズのようなコンセプチュアルなアルバムを制作するという発想は希薄でした。ゲイはそれを覆し、ベトナム戦争への反戦や貧困をテーマにしたアルバムを制作します。

脱サイケで、「ルーツ・ロック」を求めて

LSDをはじめとする薬物蔓延の状況に疲れたミュージシャンたちが、やや落ち着いたルーツ・ミュージック寄りの傾向を見せるのもこの頃です。

ボブ・ディランは、フォーク本来のアコースティックのサウンドに原点回帰し、

---

*27
マーヴィン・ゲイ
Marvin Gaye (1939-1984)
ワシントンD.C.生まれ。1961年にデビューし、数々のヒット曲を生むが、メッセージ色を前面に出した『ホワッツ・ゴーイン・オン』でソウル歌手としての地位を不動のものにした。

*28
クリーデンス・クリアウォーター・リヴァイヴァル（CCR）
Creedence Clearwater Revival
1967年、フォガティ兄弟を中心に結成。サンフランシスコ出身者としてのアメリカ南部への憧憬を表現した。1972年解散。

*29
ザ・バンド
The Band
1968年のデビュー・アルバム

サイケデリック・ロックへと走っていたローリング・ストーンズも、我に返ってブルースに戻ります。エリック・クラプトンもハードロック路線を止め、新天地を求めてアメリカにわたり、南部のミュージシャンたちとバンドを組んで、ブルース志向のアルバムを制作します。

こうしたアメリカ音楽のルーツがもつ、泥臭さを前面に押し出したロックを、「ルーツ・ロック」といいます。その先駆けは、1960年代後半に登場したクリーデンス・クリアウォーター・リヴァイヴァル（CCR）*28です。ジョージ・ハリスンもビートルズ解散後、ルーツ・ロックのアーティストと交流をもちました。ボブ・ディランのバックを務めていたバンドも、ザ・バンド*29としてデビューし、ルーツ・ミュージックを色濃く反映した音楽で高い評価を得ています。

1970年前後には、ソロで自作自演を行うシンガーソングライターの活動も目立ち始めます。ジェームス・テイラー*30やキャロル・キング、ジョニ・ミッチェル*31、ジャクソン・ブラウン*32らが活躍します。

からのシングルカット「ザ・ウェイト（*The Weight*）」が映画『イージー・ライダー』に起用され、広く知られる。1976年解散。1983年に再結成し、1999年まで活動した。

*30
ジェームス・テイラー
James Taylor（1948-）
マサチューセッツ州出身。フライング・マシーンを経て、1968年にビートルズのapple・レコードからソロ・デビュー。1971年にキャロル・キング作の「きみの友だち（*You've Got a Friend*）」がBillboard Hot 100で1位を獲得。

*31
ジョニ・ミッチェル
Joni Mitchell（1943-）
カナダ出身。10代から活動を始め、1966年にニューヨークに拠点を移す。1968年、アルバム『ジョニ・ミッチェル（*Joni Mitchell*）』でデビュー。1971年発表の4作目『ブルー（*Blue*）』が特に高い評価を得ている。

イーグルスとクイーン

日本のポップスに大きな影響を与えたイーグルス*33も、カントリー・ロックのバンドです。ただし、イーグルスの立ち位置は少し気の毒です。ルーツ・ロックとしても、カントリー・ロックとしても登場が遅く、ほかのバンドがいろいろと打ち出してしまった後のバンドとして評価されました。このため、テーマ性の不在が彼らの特徴となってしまいます。歌詞には、「時代の主人公になれなかった僕たち」が裏テーマのニヒルな表現が随所に見られます。

イーグルスの最高峰は、1976年に発表した『ホテル・カリフォルニア（*Hotel California*）』です。カントリー・ロックの音楽的拡張は先達がすでにやり尽くしてしまったため、自分たちには動機がない——。それを逆説的に表現したことで、このアルバムは高い評価を得ました。表題曲の歌詞では、バーでお酒（*Wine*）を頼もうとしたけれど、店員からは「1969年から〝蒸留酒《スピリット》（*Spirit*）〟は置いていない」と言われたという内容で、「1969年からロックには〝魂〟がなくなった」

---

*32
ジャクソン・ブラウン
Jackson Browne (1948-)
ドイツ出身、アメリカ・カリフォルニア育ち。1972年にイーグルスと共作した「テイク・イット・イージー（*Take It Easy*）」が大ヒットし、同年にソロ・デビューした。

*33
イーグルス
Eagles
ドン・ヘンリー、グレン・フライを中心に結成。1972年のデビュー曲「テイク・イット・イージー」がヒットする。

とダブルミーニングでたくみに表現しています。

私も長年疑問をもっているのですが、日本では大変な人気があるけれど、欧米の評論筋によっては評価がされにくいバンドがあります。イギリスのクイーン[*34]もその一つといえるでしょう。

ブライアン・メイのギターの音は新鮮で、初期のアルバムにはわざわざ「シンセサイザーは使っていません」と注意書きを入れているくらい、新しいサウンドを提示していいます。しかし、デビュー当初、評論家からはレッド・ツェッペリンの〝パクリ〟と評されました。

1975年には、目まぐるしく変わる曲調と、多重録音による重厚なコーラスを用いたオペラのような楽曲「ボヘミアン・ラプソディ（*Bohemian Rhapsody*）」を発表し、そうした評論の風潮を見返しています。

イーグルスもクイーンも素晴らしいバンドですが、同時代のムーヴメントとの関連性が薄く、ポップス史での位置づけが難しいといえます。

*34
クイーン
Queen
1960年代後半にブライアン・メイが結成したバンドが前身。1973年にアルバム『戦慄の王女（*Queen*）』でデビュー。1975年の「ボヘミアン・ラプソディ」は全英シングルチャートで9週連続1位を獲得した。

ショーアップされたロック

1970年代初めのイギリスでは、ロックのきらびやかな要素をより耽美《たんび》的にショーアップした「グラムロック」も登場しました。日本のビジュアル系バンドも元をたどるとグラムロックに行きつきます。

代表的なアーティストとしては、デヴィッド・ボウイ*35、T・レックス*36、モット・ザ・フープル*37が挙げられます。

デヴィッド・ボウイは、パントマイムも取り入れた演劇性の高い、シアトリカルなショーを展開します。新進気鋭のデザイナーだった山本寛斎《かんさい》の服を気に入り、ステージで彼がデザインした大胆な和洋折衷の衣装を採用。歌舞伎の早着替えも取り入れました。また、バイセクシャルを公言するジェンダーレスな感覚は、メイクを施した中性的な外見やショーとともに新しいものでした。

***35**
デヴィッド・ボウイ
David Bowie (1947-2016)
ロンドン出身。子どもの頃から父親の影響でアメリカのロックンロールに親しむ。1967年にアルバム・デビュー。1969年の『スペイス・オディティ（*Space Oddity*）』がヒット。俳優としても活躍した。

***36**
T・レックス
T.Rex
1967年に結成されたティラノザウルス・レックスが前身。当初はアコースティックなサウンドだったが、1960年代終わり頃にエレキギターを導入。1970年にT・レックスと改名し、グラムロック人気を担った。

***37**
モット・ザ・フープル
Mott the Hoople
1968年に結成されたバンドが前身。1969年デビュー。当初はフォーク・ロックを展開していたが、1972年にデヴィッ

電子音楽とニューミュージックの源流

1970年代、当時の西ドイツでは、「クラウトロック」というムーヴメントが起こります。クラウトとは、ドイツ料理にかかせないザワークラウト（キャベツの酢漬け）のこと。このムーヴメントが電子音楽の走りとなります。
代表的なバンドに、クラフトワーク*38、カン*39、タンジェリン・ドリーム*40、ノイ！*41が挙げられます。

クラフトワークは、シンセサイザーを多用し、ドラムのビートも含めてすべてを電子楽器で作る実験的な音楽でした。カンには一時期、日本人のミュージシャン、ダモ鈴木がヴォーカリストとして所属しています。ベルリンに移住したデヴィッド・ボウイが発表した通称〝ベルリン三部作〟と称されるアルバム3枚も、このムーヴメントに強い影響を受けています。
クラウトロックも、オルタナティヴ・ロック、ニュー・ウェイヴ、ヒップホップといった多様なジャンルに影響を与えることになります。

ド・ボウイ・プロデュースによるアルバム『すべての若き野郎ども（*All the Young Dudes*）』を発表。グラムロックへ転向した。

*38
クラフトワーク
Kraftwerk
ラルフ・ヒュッターとフローリアン・シュナイダーを中心に、西ドイツ・デュッセルドルフで1970年結成。1974年発表のアルバム『アウトバーン（*Autobahn*）』が英米でヒット。日本のYMO（198頁）に影響を与えた。

*39
カン
Can
1968年に西ドイツ・ケルンで結成。現代音楽の影響を強く受けつつ、クラウトロック、プログレッシブ・ロック、フリー・ジャズ、民族音楽など多彩な音楽の要素をもつ作風で注目された。

*40
タンジェリン・ドリーム
Tangerine Dream

ロックに反抗した「パンク・ロック」

〝ラヴ&ピース〟のメッセージで1960年代後半を席巻したヒッピー・カルチャーでしたが、まったく別の表現を用いた若者たちも存在しました。

その代表がストゥージズ*42や、MC5*43です。サウンドは荒っぽく、技巧よりも精神性を重視した音楽は、セールスには結びつきませんでしたが、彼らは「原始《プロト》パンク」として、のちの「パンク・ロック」の源流となります。

当時、ニューヨークには『CBGB』というライブハウスがあり、出演するには「カバー曲は禁止。全曲オリジナルを演奏すること」というルールがあって、オリジナルであればどんなバンドでも出られました。1973年に開業したこのライブハウスに、才能をもったバンドやミュージシャンが集まり始めます。ラモーンズ*44、テレヴィジョン*45、パティ・スミス*46、トーキング・ヘッズ*47、ブロンディ*48らが毎晩のように演奏していました。

彼らの音楽は「NY《ニューヨーク》パンク」と呼ばれています。後づけでNYパンクと区別

エドガー・フローゼによって1967年に西ドイツ・ベルリンで結成。1970年にレコード・デビュー。1971年のセカンド・アルバム『アルファ・ケンタウリ(*Alpha Centauri*)』よりシンセサイザーを導入する。

***41**
ノイ!
Neu!
1971年結成の、クラウス・ディンガーとミヒャエル・ローターの二人を中心にしたユニット。1972年にアルバム・デビュー。ハンマー・ビートと呼ばれた機械的な八つ打ちのバスドラムを用いて注目を浴びた。

***42**
ストゥージズ
The Stooges
イギー・ポップを中心にミシガン州で1967年結成。1969年にレコード・デビュー。過激なステージ・パフォーマンスとは対照的に、アルバムでは抑制された作品作りが行われている。

されていますが、パンクはロンドンよりも先にニューヨークで盛り上がりを見せ始めていたのです。

女装ファッションやメイクで登場したニューヨーク・ドールズ*49も、のちにパンク・ロックに大きな影響を与える存在として評価されています。

このニューヨーク・ドールズのマネージャーが、イギリスのファッション・デザイナーのヴィヴィアン・ウエストウッドの恋人マルコム・マクラーレンです。マクラーレンはニューヨーク・ドールズのアイデアをイギリスに持ち帰り、セックス・ピストルズ（161頁）をマネジメントします。

ハードロックもプログレも、曲が長くてよくわからない。高価な機材を使っていて俺たちには手が出ない。楽器もそんなに上手くないし、もっと身近なことをやりたい。1960年代はガレージ・ロックのような素人でもかっこいい音楽があったけれど、どうして今はないんだ？と考えた若者たちが、技巧偏重や商業主義に反発して、等身大の音楽を追求していきます。

---

*43 **MC5**
1960年代前半にミシガン州で結成。過激な歌詞とエネルギッシュなライブで、デビュー前から注目を集める。1969年にレコード・デビュー。3枚のオリジナル・アルバムを制作して1972年に解散。

*44 **ラモーンズ**
Ramones
1974年にニューヨークで結成。ステージネームとして全員がラモーン姓を名乗り、革ジャンと膝に穴が開いたジーンズといういで立ち、高速ロック・ナンバーを立て続けに演奏するスタイルで、人気を博す。1976年にレコード・デビュー。

*45 **テレヴィジョン**
Television
トム・ヴァーレインを中心にニューヨークで1973年結成。ライブでの評価を得て、1977年にアルバム『マーキー・ムーン

ここで「ロックは初めて、ロックに反抗した」というのが現代の一般的な評論です。しかし、これは〝策士〟マルコム・マクラーレンがセックス・ピストルズを立ち上げた、もっともらしい大義名分といえます。

パンクはニューヨークからロンドンへ

アメリカでは、泥沼化したベトナム戦争や社会政策費の増大により財政が悪化。日本や西欧といった先進工業国の躍進もあって、1971年には一世紀近く続いていた貿易収支の黒字が赤字に転換してしまいます。そこでニクソン大統領がアメリカドルと金との兌換《だかん》停止、10％の輸入課徴金の導入を発表して、世界に衝撃を与えます。

1973年には、エジプト・シリアと、イスラエルのあいだで第四次中東戦争が起こり、アラブの国々はイスラエル支援を行う国に対して、原油輸出停止や制限の処置を行いました。安価で安定した石油供給を前提に成長を続けてきた先進工業国は、深刻な打撃を受けることになります。ドル＝ショックとオイル＝ショッ

(*Marquee Moon*)』でデビュー。

*46
パティ・スミス
Patti Smith (1946-)
イリノイ州出身。高校時代にランボーに傾倒して詩作を始める。ニューヨークへ出て詩人として注目された後、朗読やバンドなどの活動を経て、1975年にアルバム『ホーセス(*Horses*)』でレコード・デビューした。

*47
トーキング・ヘッズ
Talking Heads
デビッド・バーンを中心に1974年結成、1977年レコード・デビュー。セカンド・アルバム『モア・ソングス(*More Sorgs About Buildings and Food*)』以降、プロデューサーにブライアン・イーノを迎える。

*48
ブロンディ
Blondie
1974年にニューヨークで結成。CBGBなどのクラブで人気

ク、この二つのショックにより、アメリカの経済成長は減速していきます。
一方のイギリスも1970年代半ばに不景気が加速。経済成長率は低下し、失業率は増加していきます。雇用者と労働者の関係の対立も続き、ストライキも断続的に起きて社会が疲弊していきました。

パンク・ロックはそのイギリスへと飛び火します。ダムド*50、クラッシュ*51、ザ・ジャム*52、バズコックス*53といったバンドが現れ、やや遅れてセックス・ピストルズ*54が登場します。

セックス・ピストルズは、先にも述べた通りマルコム・マクラーレンのマネジメントによるバンドです。ヴィヴィアン・ウエストウッドと一緒にロンドンで『SEX』という名のブティックを経営していたマクラーレンは、そこにたむろしていた若者四人を集めてバンドを結成し、1977年にレコード・デビューさせました。

彼らは、アンチ・キリストや無政府主義をうたった、かなり過激な歌詞で保守層から反発を受けますが、イギリス王室を揶揄した曲でチャートの1位を獲得し

を集め、1976年にアルバム・デビュー。1980年の「コール・ミー（*Call Me*）」が全米、全英のチャートで1位を獲得した。

*49
ニューヨーク・ドールズ
New York Dolls
1971年に結成。ロッド・スチュワートのロンドンでのコンサートの前座を務め、注目される。1973年にレコード・デビューするが、メンバーの相次ぐ脱退で、1977年に解散。2004年に再結成している。

*50
ダムド
The Damned
1976年、ロンドンで結成。同年にシングル「ニュー・ローズ（*New Rose*）」でデビュー。その音楽性は、後のハードコア・パンクに影響を与えた。

*51
クラッシュ
The Clash
1976年にジョー・ストラマ

ます。しかし、バンド名も曲名も空欄で掲載されました。実際には、その空欄がセックス・ピストルズと彼らの曲名だと誰もがわかっている——そうしたメディア扇動を含めたスキャンダルが、マクラーレンの策略だったのです。ややペテン師的な打ち手ですが、プロデュース力に長《た》けていたともいえます。今でいう、「炎上商法」といった売り出し方にも通じます。

1978年1月、セックス・ピストルズはアメリカ・ツアーを行いますが、ここでもマクラーレンの企みでトラブルが発生するように、わざと保守的な南部を中心にコンサートを行います。実際に、暴徒に襲われたりするなどでツアーはめちゃくちゃ。そして、メンバーの一人、ジョニー・ロットンは最後となったステージの上で「騙された気分はどうだい?」と言い残してバンドを脱退します。結局、ツアーは中止となりバンドは解散となりました。

果たしてパンクは〝ペテン〟だったのか

「騙された気分はどうだい?」というロットンの言葉は、多義的で非常に興味深

ー、ミック・ジョーンズを中心に結成。翌年、アルバム『白い暴動(*The Clash*)』でレコード・デビュー。その後、音楽性を広げ、1979年のアルバム『ロンドン・コーリング(*London Calling*)』以降はアメリカでも評価を得た。1985年解散。

*52
ザ・ジャム
The Jam
1972年にイギリス・サリー州で結成。当初はビートルズのカバーを演奏していたが、徐々にR&Bを高速で演奏するスタイルに変化した。1977年にレコード・デビュー。1982年、人気絶頂の最中に解散。

*53
バズコックス
Buzzcocks
ピート・シェリーとハワード・ディヴォートによって1976年にマンチェスターで結成。1978年に『アナザー・ミュージック(*Another Music in a Different Kitchen*)』でレコード・デビュー。

今でいう「炎上商法」的な話題作りを行った、セックス・ピストルズ。

*54
セックス・ピストルズ
Sex Pistols
1976年のデビュー曲「アナーキー・イン・ザ・UK (*Anarchy in the U.K.*)」は過激な歌詞で放送禁止となるが、熱狂的人気を得る。1977年に唯一のアルバム『勝手にしやがれ!! (*Never Mind the Bollocks, Here's the Sex Pistols*)』を発表。

いものがあります。つまり、マクラーレンの操り人形だった自分たちへの自虐、そしてロックの肥大化した商業主義を倒すという大義名分は幻想だったということ。さらにパンク・ロックはペテンだった、という意図まで読み取ることができます。

とはいえ、セックス・ピストルズがロック史をがらりと変えたのは事実です。レコード・デビューから1年、発表したアルバムも1枚という、非常に短い活動期間にもかかわらず彼らの名前が今なお残っています。これは、アルバムのクオリティもさることながら西洋の芸術批評において、コンテクストがいかに大事かということの表れでもあるのです。

パンク・ロックは、アメリカではイギリスほどシーンに影響を与えませんでした。パンク的な視点でアメリカの音楽シーンに切り込むバンドは、1980年代末に登場するカート・コバーン率いるニルヴァーナの登場まで待つことになります（181頁）。

「ディスコ」の大ブームと〝爆破〟

ここで再び、1970年代のR&Bについて触れておきましょう。

ファンクで強調されたリズムは四つ打ち（バスドラムで1小節に4回均等に刻まれるパターン）となり、クラブで踊るための音楽としてより商業的な「ディスコ」というジャンルが生まれます。ディスコは1970年代後半に爆発的なブームとなり、ドナ・サマー*55、ビー・ジーズ*56らの曲が大ヒットとなりました。

そして登場するのが、ロックのベテラン勢です。ローリング・ストーンズやキッスなどが節操なく、ディスコ調のヒット曲を出すようになります。すると、硬派なロックのリスナーの怒りの矛先は、流行に飛びつくバンドだけではなく、なぜかディスコそのものにも向き始めます。

そしてついに、ディスコに対する怒りは、文字通り〝爆発〟します。その代表的な事件が「ディスコ・デモリッション・ナイト」という、シカゴの野球場で大

***55 ドナ・サマー**
Donna Summer
(1948-2012)
マサチューセッツ州出身。バンド活動やミュージカル出演を経て、1974年にジョルジオ・モロダーと出会い、ディスコの第一人者として活躍。〝クイーン・オブ・ディスコ〟と称される。

***56 ビー・ジーズ**
Bee Gees
バリー、ロビン、モーリスのギブ三兄弟で結成。イギリス出身で、移住先のオーストラリアで1958年から活動を開始する。五人組バンドとして1967年にレコード・デビュー。

量のディスコのレコードを爆破したイベントです。
「ロック大好き、ディスコ最悪」を公言するラジオＤＪが発起人となり、シカゴ・ホワイトソックスの球団幹部に企画を持ち掛け、手はずを整えました。ディスコのレコードを持ってきた観客は、当日組まれている野球の試合を超格安にするとアナウンスし、集客を行ったのです。当初、数千人と予想されていた来場者数は、数万人規模に膨れ上がってしまいます。

予定どおり、集められたレコードはグラウンドでドカーンと爆破されましたが、興奮した群衆がグラウンドへと一気に流れ込みます。設備を破壊するなどの暴動を起こし、このイベントの後に組まれていた試合は中止となったのです。

この事件で、ディスコは大打撃を被りました。あまりにも商業的に成功してしまったブラック・ミュージックへのくすぶっていた不満が顕在化する、象徴的な出来事といえます。そして、１９８０年代から９０年代にかけて、ヒップホップがブラック・ミュージックの救世主となるのです。

ディスコのレコードを掲げて聴衆を煽る、主催者のスティーブ・ダール（上）。
そして、レコードを大爆破（下）。

Column 4

そのとき日本の音楽シーンは[〜1970年代]

日本語ロック論争とニューミュージック

社会の不満をフォークにぶつけろ

グループ・サウンズの後、「ニューロック」というムーヴメントが出現します。自分たちで楽曲を制作し演奏すること、ロックを奏《や》る際に歌詞は日本語で歌うべきか、英語で歌うべきかといった、これまで解決されなかった問題に挑むのです。

加藤和彦が率いるフォーク・クルセダーズ*1は、ニューロックの走りです。1967年に発表した「帰って来たヨッパライ」はオリコンのチャート1位を獲得し、空前のヒットとなりました。一説によると、日本のポップス史上初のミリオ

*1 **フォーク・クルセダーズ**
1965年、当時大学生だった加藤和彦の呼びかけによって、きたやまおさむ、平沼義男、井村幹生、芦田雅喜で結成され、関西アンダーグラウンドシーンで活躍。1967年にレコード・デビューするが、1年後に解散する。

ンセラーとなります。歌謡曲にまったく迎合しない音楽性でヒットとなった、画期的な楽曲でもあります。

1960年代後半に活動した、早川義夫が率いるジャックス*2もニューロックのバンドの一つ。1968年に発表したアルバム『ジャックスの世界』で作詞、作曲のほとんどを自分たちで手がけます。大きなセールスには結びつきませんでしたが、内面世界を描いた前衛的な作品で、それまでの日本のポップスには考えられなかったアルバムでした。

並行して、学生たちのあいだではフォークが人気を博します。

1960年代末というと、全国で盛んになった学生運動や、1970年の日米安全保障条約（安保条約）の更新に反対する「安保闘争」など、若者たちによる過激な活動が展開されます。こうした社会運動に参加していた学生たちにとって、ポップス（歌謡曲）であるGSは自分たちの気持ちを代弁していないと退けて、もっぱらフォークを聴いていました。

海外に目を向けると、ボブ・ディラン（112頁）、ジミ・ヘンドリックス（131頁）、CCR（153頁）らがベトナム戦争反対を訴えた音楽で人気を得ている。

*2
ジャックス
早川義夫、木田高介、谷野ひとし、水橋春夫によって結成。メンバーチェンジを経て、1969年開催の第1回全日本フォークジャンボリーの出演を最後に解散。

*3

一方の日本は、そうした音楽はメインストリームに切り込んでいけない。こうしたズレに不満をもつ若者たちに、メッセージ性の強い社会派のフォークが受け入れられたのです。ただし、社会派フォークは日本語で自作自演をしましたが、当時は商業的な成功には至っていません。

「日本語ロック論争」勃発

そして、正統派ロックのメロディには、日本語を乗せることはできない——とする立場が登場します。〝海外での成功〟という大きな志をもった、内田裕也[*3]がプロデュースするフラワー・トラベリン・バンド[*4]です。

彼らは英語詞を選択し、東洋的な旋律を用いて独自の音楽性を確立します。アトランティック・レコードと契約して、カナダで一定の成功を収め、現在でもカルト的な人気をもっています。

同時期に活動した、竹田和夫を中心に結成されたクリエイション[*5]も海外志向

内田裕也（1939-2019）
1959年に日劇ウエスタンカーニバルで本格的にデビュー。内田裕也とザ・フラワーズのヴォーカル、フラワー・トラベリン・バンドのプロデュース活動などを経て、俳優としても活躍した。

***4 フラワー・トラベリン・バンド**
女性ロック・シンガーの草分け麻生レミを擁して内田裕也が結成したフラワーズが前身。1970年にジョー山中、石間秀樹など新たなメンバーを迎え、フラワー・トラベリン・バンドとして再出発した。1971年のアルバム『SATORI』は海外でも高い評価を得るが、1973年に解散。

***5 クリエイション**
1960年代に竹田和夫が結成したブルース・クリエイションが前身。1975年に、内田裕也のプロデュースで、ファースト・アルバム『クリエイション』を発表した。全米ツアーも行い、日本人単独アーティストとして初の武道

の強いバンド。クリームをプロデュースした、フェリックス・パパラルディとレコーディングを行い、アルバムを発表しています。

一方で、ロックも自分たちの言語でやらなければ意味がない、というグループもいました。前身バンドのエイプリル・フールで英語詞を試み〝挫折経験〟を得た細野晴臣《はるおみ》*6らが結成する、はっぴいえんど*7です。彼らは、メンバーの松本隆の詞をもって日本語のロックを追求します。

外国から入ってきたロックを日本人はどのように受容するのか、という問題が当時は重要なトピックだったわけです。そこで、内田裕也、大瀧詠一、松本隆らによる「ロックに日本語は合うのか」という論争が、音楽雑誌『ニューミュージック・マガジン』の誌上で起こります。

音楽の作り手側にも日本語でロックを作れるのか、という不確かな感覚が漂うなか、はっぴいえんどが1971年に『風街ろまん』を発表します。このアルバムがロックを日本語で表現し、成果を収めたところで、「日本語ロック論争」は

館公演を行っている。

*6 **細野晴臣(1947-)**
1969年にエイプリル・フールに加わりプロデビュー。翌年、大瀧詠一、鈴木茂、松本隆とともにはっぴいえんどを結成し、1973年にソロ活動を開始する。その後、松任谷正隆、林立夫、鈴木茂らとプロデュース集団ティン・パン・アレーを結成する。

*7 **はっぴいえんど**
1969年にエイプリル・フールのメンバーだった細野晴臣と松本隆が、大瀧詠一と鈴木茂を誘い結成。翌年にアルバム『はっぴいえんど』でデビュー。1972年に解散。

ひとつの決着を見ることとなります。

　ですが、日本語ロック論争にもさまざまな賛否があり、すでに1960年代でグループ・サウンズが日本語でロックを達成していたともいえます。とはいえ、「日本語とロックを結納させる」と細野が言ったように、自覚的に日本語とロックの問題に取り組んだという点において、はっぴいえんどは新しかったといえます。そして、現在のJ－POPのアーティストの自作自演のスタイルをかたち作りました。

『風街ろまん』は完成度の高いアルバムですが、最初から商業的に成功したわけではなく、のちに評価された作品です。この背景には、はっぴいえんど以降、細野晴臣はティン・パン・アレーやYMOで活躍し、松本隆は作詞家としてヒット曲を量産、大瀧詠一はアメリカン・ポップスを独自に解釈した音楽を発表、鈴木茂はアレンジャーやセッションミュージシャンとして数多くの名演奏を残します。メンバーそれぞれの活躍によって『風街ろまん』が脚光を浴び始めたという事実があります。

『風街ろまん』のヒットを受け、日本のロック史では、はっぴいえんどを中心に置く〝はっぴいえんど中心史観〟という見方が生まれます。以降の30年ぐらいはこの観点に基づいて日本のポップスは考えられてきました。

日本語ロックの定着

続いて、矢沢永吉が率いるキャロル*8が、1973年に発表したヒット曲「ファンキー・モンキー・ベイビー」で、日本語詞と英語詞の〝ちゃんぽん〟を成立させます。今であれば英語と日本語を織り交ぜた歌詞は当然のように存在していますが、はっぴいえんどの『風街ろまん』による「日本語でロックは成立する」という成功体験によって、キャロルは型を崩すことができたといえます。これによって日本語ロック論争は一世代前のもの、過去のものになります。

はっぴいえんどが母体となったバンド、キャラメル・ママがバックを務めた荒井由実（松任谷由実）。ティン・パン・アレーがプロデュースした吉田美奈子や矢

*8
キャロル
1972年に矢沢永吉の呼びかけにより、ジョニー大倉、内海利勝、相原誠で結成。ビートルズのコピーバンドとしてスタートする。同年「ルイジアンナ」でデビューし、翌年には「ファンキー・モンキー・ベイビー」がヒットする。1975年に解散。

野頭子、大貫妙子。大瀧詠一が設立した「ナイアガラ・レーベル」から出た山下達郎率いるシュガーベイブなど、後のJ－POPのメインストリームの土台となる人たちが活躍し始めます。そして、自作自演を基本とした彼らの音楽は、「ニューミュージック」と称されるようになります。

井上陽水は、1973年に発表されたアルバム『氷の世界』が日本レコード史上初のLPのミリオンセラーになるなど、商業的な成功を収めるアーティストも増えていきます。そうすると、次第に歌謡曲とニューミュージックの境界もあいまいになり、吉田拓郎が演歌歌手の森進一に1974年発表の「襟裳岬」を提供するといった動きも生まれました。

〝歌謡秩序〟が新興の音楽を飲み込む構図は、やはりここでも発生します。

第 5 章

逆転

1980s~

白けたムードを打破した
アングラの大成

パンク・ロックの沈静化に伴い、ニルヴァーナを筆頭とする
オルタナティヴ・ロックがパンク精神を受け継ぎました。
アンダーグラウンド音楽が、
メジャーシーンを喰う快進撃の始まりです。

ハードコアとカレッジ・ラジオ

1979年にセックス・ピストルズが解散し、メンバーでシーンのアイコンだったベーシスト、シド・ヴィシャスがこの世を去ると、パンク・ロックは沈静化します。〝旧世代の打倒〟という大義名分を失った時点で、パンクは役割を終える存在だったともいえるでしょう。パンクはその後、「ポスト・パンク」や「ニュー・ウェイヴ」（185頁）といったジャンルへと発展します。

一方、アメリカでは表立ってパンクがヒットしなかったとはいえ、アンダーグラウンドでは好む人たちが一定数いました。そのなかで、パンクをより高速化、より暴力的にした「ハードコア」というジャンルが生まれます。

東海岸、主にワシントンD.C.を中心に展開された彼らの活動は、今のインディーズ活動の源流といえます。たとえば、大手のレコード会社に属さず、自費でアルバムを制作し、ライブのチケットもぎりも自分たちで行うという、DIY精神が特徴です。

主義主張がさまざまなのもこのジャンルの特徴で、たとえばストレート・エッジと呼ばれる人たちは、「僕たちはドラッグをやりません」「結婚するまではセックスはしません」と言って、宣言に沿った内容の曲を書いています。他方で、史上いちばん破滅的なミュージシャンとされる、GGアリン[*1]のように「僕はエイズだけれど、ヤリまくります」という極端な主張もありました。

また、放送部的なノリで大学生たちが運営するFMラジオ局「カレッジ・ラジオ」も、1980年代のアメリカの音楽シーンに影響を与えます。

限定的な地域でのみ聴くことができる、こうしたコミュニティ・ラジオでは、地元のライブハウスで人気のあるバンドの曲を積極的に流していました。ラジオのおかげで、アンダーグラウンドで面白い音楽をやっている人たちが、だんだんと注目を浴びるようになるのです。

ハードコアとカレッジ・ラジオの二つによって、インディーズとアンダーグラウンドの音楽は表舞台に出てくるようになります。代表的なバンドには、R.E.M.[*2]、ソニック・ユース[*3]が挙げられます。そして、商業主義に染まった既存

*1
GGアリン
GG Allin (1956-1993)
ステージではアルコールとドラッグで滅茶滅茶になりながら、男女関係なく暴力をふるい、全裸になるなど、狂気的なパフォーマンスを行うミュージシャンとして知られる。

*2
R.E.M.
1980年にジョージア州で結成。「カレッジ・ラジオ」出身のバンドではいち早く商業的成功を収めた。1988年にワーナー・ブラザーズと契約してメジャー・デビュー。2011年に解散。

*3
ソニック・ユース
Sonic Youth
サーストン・ムーアを中心に1978年頃から活動を開始。1989年にゲフィン・レコードと契約、1990年にアルバム『GOO』を発表。2011年に活動停止。

のロックに対して、非商業的でアンダーグラウンド志向のロックを「オルタナティヴ・ロック」と称するようになります。1980年代のメガヒット型の大量消費の音楽に疲れていた、インテリ系の大学生たちが、カレッジ・ラジオを聴いてオルタナティヴ・ロックを支持するという構図が生まれます。

『MTV』と音楽大量消費時代

1980年代に入り、アメリカでは景気が上向き傾向を見せ始めます。1982年には音楽記録媒体としてコンパクトディスク（CD）の生産がスタートし、音楽もかつてないほど需要が高まります。

そうした音楽産業を大きく支えたのが、1981年に開局したポピュラー音楽の専門チャンネル『MTV』でした。『MTV』では、24時間ミュージック・ビデオ（MV）が流されます。

それまでは、コンサート活動休止後のビートルズが楽曲と映像を組み合わせて発表するといった例はあっても、MVという概念はありませんでした。『MTV』の開局当時も、人々はまだ映像のもつ曲の波及効果について気づいておらず、MVとはいえ、単にライブ映像やレコーディング風景にスタジオ録音の音源を当てるといった作りばかりでした。

ですが、MVがテレビで繰り返し流され続けることで曲がヒットし、ヒット曲はさらにヒットするようになり、MVが重要性をもつようになります。

すると、MVに制作費をかけるアーティストが出てきます。その筆頭格はマイケル・ジャクソン*4です。ジャクソン5の活動と並行して1971年よりソロ活動をスタート。プロデューサー、クインシー・ジョーンズと出会い、アルバム『オフ・ザ・ウォール（*Off the Wall*）』『スリラー（*Thriller*）』『バッド（*Bad*）』を発表して、大きな成功を得ます。

1982年に発表した『スリラー』からのシングルカット曲「スリラー（*Thriller*）」ではストーリー仕立てのMVを作り、1986年の「バッド（*Bad*）」では監督にマーティン・スコセッシを迎えました。マイケル・ジャクソンによってMVはより洗練された映像作品として発展します。

今は、ヒットを生み出すにはSNSからどう波及させるかが重要ですが、19

*4
マイケル・ジャクソン
Michael Jackson
(1958-2009)
インディアナ州出身。『スリラー』は〝史上最も売れたアルバム〟としてギネス認定されるなどビッグヒットとなる。ポピュラー音楽に大きな影響を与えた。

８０年代のポップスは、テレビから流れるＭＶのインパクトで波及力を求めていたのです。〝キング・オブ・ポップ〟と称されるマイケルをはじめ、マドンナ*5、プリンス*6が同じように映像の力を利用し、１９８０年代のポップスを制しました。

ＭＶの重要性が増したことで、アメリカのロック界での売れ筋だったヘヴィメタル勢は、化粧や衣装でより派手さを増します。映像での〝映《ば》え〟をもろに意識し、ヘアスプレーを多用したスタイルを「ヘアメタル」といったりするようになります。

よりビジュアルが重視された１９８０年代のスターは美男、美女ばかり。そうした傾向に不満をもった若者たちは、新しいジャンルを求めて二つの道へ進みます。一方は、オルタナティヴやグランジへ。もう一方は、ヒップホップ（２０２頁）です。

---

*5
マドンナ
Madonna（1958-）
ミシガン州出身。ニューヨークに出て、下積みを経て１９８２年にデビュー。１９８４年のアルバム『ライク・ア・ヴァージン（*Like a Virgin*）』が世界11か国でチャート1位を記録する社会現象となった。ダンスの才能を生かしてMVの制作に力を注ぎ、MTV時代を代表するポップ・スターの地位を獲得する。

*6
プリンス
Prince（1958-2016）
ミネソタ州出身。１９７８年にデビュー。１９８２年発表のアルバム『１９９９』がヒット、１９８４年の『パープル・レイン（*Purple Rain*）』はBillboard 200で24週連続1位を記録した。

ジェネレーションXの救世主

アメリカでは、1960年代初めのケネディ政権の時代から、1970年代後半のベトナム戦争後までの時代に生まれた世代を「ジェネレーションX」と呼んでいます。ヒッピー・ムーヴメントの衰退とベトナム戦争終結後の、やや白けたムードの社会で10代を過ごした世代です。彼らのなかには、当時アメリカで売れ筋だった「ヘヴィメタル」や『MTV』の派手な世界観に共感できない人たちもいて、自分たちの代弁者を求めていました。

そこで登場したのがニルヴァーナ[*7]です。1987年に結成、アンダーグラウンドから突如現れ、カリスマ的な支持を得ます。

ファースト・アルバムは、シアトルのインディ系レーベル、サブ・ポップから発売。大きなセールスに結びつきませんでしたが、メジャー・レーベルから1991年に発表した2枚目のアルバム『ネヴァーマインド（*Nevermind*）』は、Billboard 200でいきなり1位を獲得します。

***7**
ニルヴァーナ
Nirvana
ワシントン州で結成。7年間の活動で制作したスタジオ・アルバムは3枚のみだったが、絶大な影響力を誇った。1994年にカート・コバーンの衝撃的な死により、バンドは解散となった。

カリスマ的存在感を放ったニルヴァーナ。

バンドのフロントマン、カート・コバーンはこのアルバムを発表する前から「パンクをアメリカのチャートに入れる」と宣言していて、メジャーでのヒットをかなり意識して制作していたことがうかがえます。のちに商業的な成功を収めたことに葛藤し、薬物依存に苦しんだ状況を考えるとやや想像できない話ですが、当時は、売れ線のパンクを作ろうと意欲的だったのです。

『ネヴァーマインド』からの先行シングル、「スメルズ・ライク・ティーン・スピリット（*Smells Like Teen Spirit*）」で繰り返される「なあ、どんだけオチてる？」というようなネガティヴな歌詞も、ジェネレーションXの若者たちの心をとらえました。そして、ニルヴァーナは絶対的な存在となり、売れ筋のヘヴィメタルよりも、アンダーグラウンドの傾向をもつ音楽が支持を得るという、ヒットの逆転現象が起こります。

ニルヴァーナの登場によって、アンダーグラウンドで活動していたオルタナティヴ・ロックのバンドも活躍が目立つようになります。シアトルから、パール・ジャム[*8]やサウンドガーデン[*9]といったバンドが登場します。シアトル出身のオルタナティヴ・ロックのバンドの音楽を指して「グランジ」といいますが、グラ

*8 パール・ジャム
Pearl Jam
1990年にシアトルで結成。翌年のメジャー・デビュー作『テン(*Ten*)』がBillboard 200で2位、1993年の『ヴァーサス(*Vs.*)』は初登場1位となる。初期はMVの制作などを行わなかった。

*9 サウンドガーデン
Soundgarden
1984年にシアトルで結成。メジャー・レコード会社と契約した当初は商業的な成功に結びつかなかったが、1994年のアルバム『スーパーアンノウン(*Superunknown*)』はBillboard 200で1位を獲得。

ンジの音楽をたとえるときによく、「パンクとブラック・サバスの結婚」と表現します。パンクだけれど、それ以前のロックの要素も取り入れているのが特徴です。

オルタナティヴ・ロックはさらに1990年代を通して浸透していきます。ジェーンズ・アディクション*10のフロントマン、ペリー・ファレルが1991年にロックフェスティバル「ロラパルーザ」を開催。オルタナティヴのバンドが多く出演します。アメリカからカナダにかけての多くの都市を数か月かけてまわるツアー形式のフェスティバルで、1997年まで毎年行われました。その後、2003年に再開。2005年以降はシカゴで、2011年からは世界各地で続けられています。

ケーブル・テレビ局の音楽専門チャンネル『MTV』では、ヘヴィメタルのMVに替わって、オルタナティヴ・ロックのMVが頻繁にかかるようになります。また、『オルタナティヴ・ネイション』というオルタナティヴ専門の音楽番組も始まります。

---

*10
ジェーンズ・アディクション
Jane's Addiction
1985年にロサンゼルスで結成。1988年にメジャー・デビューを果たす。セカンド・アルバム『リチュアル・デ・ロ・ハビテュアル(*Ritual De Lo Habitual*)』がヒットした。

攻撃対象だった立ち位置に自分たちが身を置くことになり、オルタナティヴ・ロックはカート・コバーンの考えていたパンクの精神性とはズレが生じることになりました。政権をとると大義を失う――このジレンマはパンクの悲しき宿命といえます。

そして、1990年前後のアメリカで隆盛を極めたオルタナティヴ・ロックとグランジは、1994年にニルヴァーナのフロントマン、カート・コバーンが自殺したことにより、影をひそめることになります。

イギリスでのパンクの行方

1970年代の終わりに大義を失ったパンクは、イギリスでもオルタナティヴへと向かいます。パンク的な態度を維持しつつ、シンセサイザーやノイズも取り入れて、サウンドの幅を広げていきました。1970年代の終わりから1980年代前半に生まれたこうしたサウンドの特徴をもつバンドは「ニュー・ウェイヴ」

と呼ばれます。

一方で、同時代のハードロックやプログレッシブ・ロックは、ニューウェイヴやパンクからもはや〝オールド・ウェイヴ〟だと攻撃されます。〝ダイナソー・ロック（化石みたいなロック）〟と揶揄されることもありました。

そこで1970年代後半では、パンク以降のニュー・ウェイヴに対して、ニュー・ウェイヴ・オブ・ブリティッシュ・ヘヴィメタル（NWOBHM）というムーヴメントが起きます。これは、パンクに対して「僕たちは伝統的なハードロックを継承しながらも、ニュー・ウェイヴである」という立ち位置でした。代表的なバンドにアイアン・メイデン*11、デフ・レパード*12がいます。

また、オルタナティヴとは対照的な「ブリットポップ」が生まれます。その前身は、1980年代後半から90年前後にかけて起こった、マッドチェスターというムーヴメントです。マンチェスターのインディ系レーベル、ファクトリー・レコードが運営していたクラブを中心に、ダンス音楽や、多幸感を伴うドラッグ、エクスタシーの流行とともに展開しました。代表的なバンドに、ストーン・ローゼズ*13やハッピー・マンデーズ*14がいます。

---

*11
アイアン・メイデン
Iron Maiden
スティーヴ・ハリスを中心に1975年にロンドンで結成。メンバーチェンジを繰り返しながら、現在も活動中。

*12
デフ・レパード
Def Leppard
1977年にイギリス・シェフィールドで結成。1983年のアルバム『炎のターゲット（*Pyromania*）』と1987年の『ヒステリア（*Hysteria*）』がアメリカでも大きなセールスを獲得した。

*13
ストーン・ローゼズ
The Stone Roses
イアン・ブラウン、ジョン・スクワイアにより1983年にマンチェスターで結成。1989年にアルバム『ザ・ストーン・ローゼズ（*The Stone Roses*）』でデビュー。1996年に解散するが2011年に再結成。

その後、マッドチェスターが終息に向かうと、現れたのがブリットポップです。代表的なアーティストとして、ブラー*15とオアシス*16が挙げられます。わざと訛《なま》りを丸出しにするなど、英国的部分を悪びれないアーティストが多いのも特徴の一つです。

ヴァン・ヘイレンの「リスクマネジメント術」

1970年代終わりにはアメリカで、ハードロックの王道として、ロサンゼルス出身のヴァン・ヘイレン*17が登場していました。歌詞の内容は「パーティー、女の子、カリフォルニア！」といった感じでお気楽でわかりやすいもの。一方でギタリストのエディ・ヴァン・ヘイレンが取り入れたライトハンド奏法といった革新的な演奏技術が注目されます。1978年のファースト・アルバム『炎の導火線（*Van Halen*）』は大ヒットとなりました。

ヴァン・ヘイレンに対する評価で多いのは、やはり、多くのキッズを虜《とりこ》にしたギター・パフォーマンスでしょう。あまり知られていませんが、バンドのマネジ

---

*14 **ハッピー・マンデーズ**
Happy Mondays
1984年にマンチェスターで結成。1987年にアルバム・デビュー。1993年に解散するがその後再結成。レディオヘッドやブラーなど後進のバンドたちにもファンが多い。

*15 **ブラー**
Blur
デーモン・アルバーンを中心に1988年にロンドンで結成。1991年にデビュー。1994年発表のアルバム『パークライフ（*Parklife*）』が全英アルバムチャート1位を獲得して、ブリットポップの旗手となった。

*16 **オアシス**
Oasis
リアムとノエルのギャラガー兄弟を中心に1991年にマンチェスターで結成。1994年のデビュー・アルバムは全英アルバムチャート1位を獲得。2009年に

メント力でも、とてつもないエピソードをもっています。

彼らのコンサートツアーを行う際の契約の付帯事項には、「ボウル一杯のM&Msチョコレートを楽屋に用意せよ」という文面があります。しかも、「茶色のM&Msだけは一つも含んではいけない」と。

実際に、茶色のチョコレートが紛れていると、メンバーは楽屋をめちゃくちゃに荒らしまくったそうです。この出来事が世間に知れると、「茶色のチョコレートになにかトラウマがあるのか？」といった憶測を呼び、やがて「人気をかさに、やりたい放題するバンドだ」と大ひんしゅくを買うことになります。

しかし、バンドの本当の狙いは違ったところにありました。

多くのロックバンドの付帯事項は、だいたいが数ページ程度の薄いものです。ヴァン・ヘイレンの場合、ド派手なステージや大掛かりな舞台装置が欠かせず、契約書は技術仕様や安全面に関する記述も含め50ページ以上に及びます。そして無数の条項のなかにM&Msは、こっそりと記されていました。

メンバーが楽屋に到着すると、真っ先にチョコレートのチェックです。茶色のM&Msが一粒でもあれば、設備全体の総チェックを要求します。そういうときは必ず、技術的なミスが見つかるのです。なかにはショーが台無しになるほど致

ノエルが脱退を表明して活動休止。

*17
ヴァン・ヘイレン
Van Halen
ヴァン・ヘイレン兄弟が1972年にカリフォルニア州で前身となるバンド、ジェネシスを結成。1974年に改名し、1978年にレコード・デビュー。1984年のシングル「ジャンプ（*Jump*）」はBillboard Hot 100で5週連続1位を獲得した。

命的なものもあったといいます。つまり契約書を読んでいない、ということ。M&Msは、運営側が付帯条項を丁寧に読んでいるかを確かめるトラップだったのです。加えて、トラップだとバレないように、楽屋をきっちり荒らして破天荒キャラを演じ切る――。ヴァン・ヘイレンは、現代のビジネスパーソンも学ぶべき、リスクマネジメントの達人でもあったのです。

さて話を戻して、ヴァン・ヘイレンの活躍は、西海岸でのハードロックの方向性を決定づけ、「LAメタル」「グラムメタル」の源流となります。そしてモトリー・クルー[*18]、真打《しんうち》として1980年代後半にはガンズ・アンド・ローゼズ[*19]が登場します[*20]。

一方で、ハードロックやヘヴィメタルのような激しい音楽をやりたいけれど、ロサンゼルス勢のようなけばけばしさには共感できない若者たちが現れます。

アメリカにいながら、イギリスのNWOBHMを聴いていた非常にコアな人たちで、輸入レコードを友人たちとシェアしていました。彼らはハードコアも好み、

---

*18
モトリー・クルー
Motley Crue
1981年にロサンゼルスで結成。アルコール中毒や薬物中毒などの問題を抱えながらも、1985年のアルバム『シアター・オブ・ペイン(*Theatre of Pain*)』がヒット。メンバーチェンジを繰り返しながら、現在も活動中。

*19
ガンズ・アンド・ローゼズ
Guns N' Roses
1985年にロサンゼルスで結成。1986年にゲフィン・レコードと契約。1987年のデビュー・アルバム『アペタイト・フォー・ディストラクション(*Appetite for Destruction*)』はシングルカット曲のMVが放送されると、Billboard 200で1位を獲得した。

*20
これらのバンドは、日本独自の表記として、「HR/HM(ハードロック・ヘヴィメタル)」とも称されている。

ライトハンド奏法をするエディ・ヴァン・ヘイレン(上)。LAメタルのガンズ・アンド・ローゼズ(右下)、スラッシュメタルのメタリカ(左下)。

---

*21
メタリカ
Metallica
1981年に結成。1983年のデビュー・アルバムは大きなセールスに結びつかなかったが、アンダーグラウンドで人気を得る。1986年のアルバム『メタル・マスター(*Master of Puppets*)』が注目される。

*22
メガデス
Megadeth

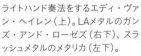

やがてNWOBHMとハードコアの二つの要素を合わせた音楽を始めます。ヘヴィメタルの重たい感じとハードコアの高速性と攻撃性をミックスした、より狂暴化したメタルで、当時『MTV』に出ていたような売れ筋のメタルとは一線を画したものになりました。そして「スラッシュメタル」という新ジャンルが誕生します。

1980年代にデビューしたメタリカ*21、メガデス*22、スレイヤー*23、アンスラックス*24が代表格で、日本では〃スラッシュメタル四天王〃といわれています。

メタリカとメガデスの確執

パンクの要素ももっていたスラッシュメタルは、オルタナティヴ・ロックからも一目置かれる存在となります。特にメタリカはサンフランシスコの出身ということで、LAメタルの対抗勢力と位置づけられました。

メタリカのドラマー、ラーズ・ウルリッヒはデンマーク人で、1980年に17歳で家族と一緒にアメリカに移住。ヨーロッパにいた彼はイギリスの音楽シーン

1983年に結成、1986年にメジャー・デビュー。2002年に解散するが2004年に再始動。中心メンバーのデイヴ・ムステインは、バンドのコンセプトを「インテレクチュアル（知的な）・スラッシュメタル」と標榜している。

*23 **スレイヤー** **Slayer**
1981年にカリフォルニア州で結成。1986年のアルバム『レイン・イン・ブラッド（*Reign in Blood*）』が初のチャートランク入りとなり、人気を得る。

*24 **アンスラックス** **Anthrax**
1981年にニューヨークで結成。スラッシュメタルのバンドのなかで最初にメジャー・レコード会社と契約、1983年にデビュー。1991年にはヒップホップのパブリック・エネミー（214頁）と共作している。

のムーヴメントをいち早くキャッチしていました。そのおかげで、アメリカではほとんど聴かれていなかったNWOBHMに、ハードコアを組み合わせるというメタリカの着眼点は、非常に斬新なものになります。

バンドメンバーの典型的なファッションも、LAメタル特有のけばけばしさと違い、〝ジーンズに、NWOBHMなどのバンドTシャツのみ〟というシンプルなもの。ロングヘアでも逆立てることはせず、ただ長く伸ばしているだけ。化粧もせず、汚いスニーカーで無骨なスタイルだったことも、LAメタルと一線を画す存在としてとらえられた理由の一つでした。

しかしメタリカにとっての問題は、ギタリスト、デイヴ・ムスティンの存在でした。ドラッグや飲酒などによる素行の悪さで、彼はバンド内でたびたびトラブルとなっていたのです。ほとほと手を焼いた残りのメンバーはついに、ある決心をします。

メタリカのファースト・アルバムのレコーディングのため、当時拠点としていたロサンゼルスからはるばる4000キロかけて、ニューヨークへ向かいます。そしてようやく到着するや、メンバーは突然ムスティンに解雇通告を突きつけるのです。呆気にとられる様子をよそに、帰りの高速バスのチケットまで準備している周到さ。のちにムスティンは当時の出来事について「親が死んだときよりも悲しかった」と述懐しています。

帰りのバスの車内、ムスティンの失意はやがて、「あいつらを超えてやる！」という決意に変わったといいます。そして立ち上げたのが、メガデスです。メタリカに遅れること数年、ファースト・アルバム『キリング・マイ・ビジネス（*Killing Is My Business...*）』を発表。このときもムスティンは性懲《しょうこ》りもなく、レコーディング予算の半分をドラッグや酒に使い込んでいます。しわ寄せは当然、音質の悪さ、チープなジャケットデザインに向かうことになりました。

メタリカはその後、セールス的にも大成功を収め、グラミー賞は8回受賞。メガデスも2017年にグラミー賞を受賞、ノミネートは12回もしています。その間、互いの確執は続いたものの、結果的にスラッシュメタルは大きく発展しました。

メガスターたちによる社会慈善活動

1980年代は、ロックやポップスのメガスターたちによるチャリティ・ソングやチャリティ・ライブも大きな注目を集めました。

アフリカでは1960年代から干ばつが社会問題になっていましたが、1983年から85年にかけて、エチオピアを中心に記録的な大干ばつが起きます。世界各国が救援活動を開始し、農地や家畜を失い飢饉《きが》に苦しむ農民や遊牧民たちは、食糧を求めて救援キャンプに集まります。ですが物資は十分ではなく、また干ばつによる自然災害に加えて、激しい内戦や農業政策の失敗などで事態は深刻化していました。国連の推定では、この干ばつで100万人以上が餓死したとされています。

この出来事は、国を超えた大規模な国際援助が行われるきっかけとなり、音楽界のスターたちによる慈善活動の活発化にもつながります。

アイルランド出身のミュージシャン、ボブ・ゲルドフはエチオピアの飢饉《ききん》の様子を伝えるニュース報道を見て奮起します。イギリス出身のヴォーカリスト兼ギタリストのミッジ・ユーロと「ドゥ・ゼイ・ノウ・イッツ・クリスマス？（*Do They Know It's Christmas?*）」を制作。ロックやポップスのスターたちとレコーディングを行い、チャリティ・プロジェクト「バンド・エイド」として1984年12月に発表します。参加ミュージシャンには、ジェネシスのフィル・コリンズやU2[*25]のボノ、スティング[*26]、デヴィッド・ボウイ、ポール・マッカートニーなど錚々たる名が並び、大きな注目を集めました。

　バンド・エイドに触発されるかたちで、アメリカでもメガスターたちによるチャリティ・プロジェクト「USAフォー・アフリカ」が発足します。マイケル・ジャクソンとライオネル・リッチー[*27]の共作で、チャリティ・ソング「ウィー・アー・ザ・ワールド（*We Are the World*）」が作られ、スティーヴィー・ワンダー、レイ・チャールズ、ダイアナ・ロス、ボブ・ディランらがレコーディングに参加しました。

　この二つのチャリティ・ソングをきっかけに、アフリカ難民救済を目的としたチャリティ・コンサートが行われます。

---

*25
U2
1976年にアイルランド・ダブリンで結成。1980年にデビュー。社会問題や人権問題を扱ったメッセージ性の強い歌詞で知られる。現在までオリジナル・メンバーで活動。

*26
スティング
Sting（1951-）
イギリス・ノーサンバーランド州出身。1977年にポリスを結成。1985年からソロ活動を本格化させる。俳優としても活動。

*27
ライオネル・リッチー
Lionel Richie（1949-）
アラバマ州出身。1972年にコモドアーズのメンバーとしてモータウンからデビュー。1982年からソロ活動を開始。

1985年7月に開催された「ライブエイド」は、イギリスのロンドン郊外にあるウエンブリー・スタジアムと、アメリカのフィラディルフィアにあるJFKスタジアムを中継で結び、イギリスとアメリカのミュージシャンが交互にステージを務めながら進行されました。

イギリスでは、デヴィッド・ボウイ、ザ・フー、ポール・マッカートニー、クイーンからフレディ・マーキュリーとブライアン・メイ、アメリカではブラック・サバス、エリック・クラプトン、レッド・ツェッペリン、ボブ・ディラン、ローリング・ストーンズ、RUN DMC（214頁）らが出演。フィル・コリンズはイギリスでステージを終えると、ヒースロー空港からコンコルドで大西洋を渡り、アメリカのステージにも登場します。

イベントは全世界84か国に衛星生中継されました。

イギリス(上)、アメリカ(下)で行われた「ライブエイド」会場。

Column 5
そのとき
日本の
音楽シーンは
[～ 1980 年代]

テクノポップ旋風とテクノ歌謡

ＹＭＯが起こす、テクノ旋風

１９８０年代初めの日本の音楽シーンを席巻したのが、通称ＹＭＯで知られるイエロー・マジック・オーケストラ*1です。はっぴいえんど、ティン・パン・アレーを経た細野晴臣が、坂本龍一、高橋幸宏と結成しました。

ＹＭＯのインスピレーションには大きく分けて、ドイツのクラフトワークなどに影響された電子音楽と、エキゾチカの二つがあります。エキゾチカは１９５０年代から１９６０年代にかけて流行したジャンルで、「アメリカの白人フィルターを通して見た、アジアと太平洋諸島の音楽」を指します。

*1
イエロー・マジック・オーケストラ
１９７８年に結成。１９８３年に〝散開〟するが、１９９３年に一時的な再結成＝再生を果たす。その後も、新しいサウンドを追求している。

細野晴臣は、電子音楽とエキゾチカの接続を試み、海外に勝負を仕掛けます。「西洋人から見るステレオティピカルな日本」という、冷めた視点をあえてコンセプトにし、音楽で表現したのです。

そして、もくろみどおりYMOの音楽は、日本だけでなく世界的な人気となります。エキゾチカを代表するアーティスト、マーティン・デニー*2が作曲した「ファイアークラッカー（*Firecracker*）」をYMOがカバーし、アフリカ・バンバータ（206頁）がこれをサンプリングするなど、当時のヒップホップにも影響を与えます。

1979年発表のセカンドアルバム『ソリッド・ステイト・サヴァイヴァー』がオリコンチャートで1位になると、日本で「テクノポップ」旋風が巻き起こります。そうすると、毎度のことながら歌謡曲と接近することになります。YMO周辺をはじめとして、歌謡界にテクノポップ風味の楽曲が提供され始めるようになり軒並みヒットしますが、そうした歌謡を「テクノ歌謡」といいます。

テクノ歌謡の代表曲に、松本隆が作詞、細野晴臣が作曲したイモ欽トリオ*3の「ハイスクールララバイ」があります。歌謡界の重鎮であった作曲家、筒美京平*4の

---

*2 **マーティン・デニー**
Martin Denny (1911-2005)
ニューヨーク州出身。ピアニスト、作曲家。鍵盤打楽器や、ラテンやアフリカ、アジアの民族楽器などを用いて、欧米の白人がイメージする"アジアや南国の楽園"を表現した。

*3 **イモ欽トリオ**
1981年から83年に放送されたフジテレビ系のバラエティ番組『欽ドン！良い子悪い子普通の子』から生まれたユニット。

*4 **筒美京平（1940-2020）**
音楽ディレクターから作曲家に転身。1968年に発売されたいしだあゆみの「ブルー・ライト・ヨコハマ」のヒットで作曲家としての地位を確立する。代表曲に「また逢う日まで」「魅せられて」などがある。

もテクノポップ風の楽曲を手がけ、榊原郁恵に「ROBOT（ロボット）」を提供しています。

バブル景気とバンド・ブーム

1980年代後半には、矢沢永吉、サザンオールスターズ、忌野清志郎のRCサクセション*5らがチャートの常連として活躍し始めます。

一方、アンダーグラウンドではパンク・バンドがたくさん現れ、活躍し始めます。また、テレビではロックバンドの勝ち抜きオーディション番組〝イカ天〟*6の影響もあって、バンド・ブームが起きます。ブルーハーツ、ユニコーン、ジュン・スカイ・ウォーカーズ、ブーム、BOØWY、X JAPAN（当時、X）らがデビューしたのもこの頃です。

レコードからCDへの音楽複製形態の移行や、1980年代後半のバブル景気を背景に、さまざまなバンドが活躍しますが、このブームは1990年代に入って失速しています。

*5
RCサクセション
忌野清志郎をリーダーとして1968年に結成、1970年にデビュー。1978年に仲井戸麗市らが参加。1980年代に入り商業的にも成功を収める。1991年より活動を休止。2009年に忌野清志郎が他界し、事実上解散となっている。

*6
イカ天
1989年から90年にTBS系列で放送された深夜番組の一コーナー「三宅裕司のいかすバンド天国」の略称。

第6章

軋轢

1990s~

ヒップホップに込める
ブラックパワー

ヒップホップも、時代でさまざまな表情をみせます。
若者たちのパーティー・ミュージックだったはずが、
人種問題、貧富格差によって、主張性を追い求めていくのです。
その影響力は、FBIすら動かすほど強大なものに――。

1970年代、ヒップホップ黎明期

ブラック・ミュージックのなかでも、突然変異的なかたちで現れたのが「ヒップホップ」です。人種差別や貧富の格差に揺れた1990年代に黄金期を迎えます。

ヒップホップは、ブルースなどのように人々のあいだで自然発生的に生まれた音楽ジャンルです。まずは、ヒップホップがどのように発展してきたか、歴史を振り返りながら見ていきましょう。

ヒップホップの黎明期は、やや遡って1970年代になります。

1914年から50年頃までに起きたグレート・マイグレーションで都心が〝人種のるつぼ〟となると、上流階級、中流階級の白人たちが郊外へと移り住む、「ホワイトフライト」という現象が生まれます。

ニューヨークのブロンクス地区では、ユダヤ系、イタリア系、アイルランド系

1970年代のブロンクス地区。

の移民たちが多く暮らしていました。1950年代から1960年代にかけてブロンクス横断高速道路の建設が進められるようになると、彼らは郊外へと移動します。替わりにアフリカン・アメリカンたちとジャマイカからの移民、プエルトリコ、ドミニカをはじめとするラティーノたちが住み始めます。

1970年代の不況が追い打ちをかけて、この地区の失業率は60%近くに上り、治安が非常に悪くなります。家賃収入が期待できない大家たちは保険金に頼るしかなく、そこらのゴロツキに放火させるほど深刻化。街は、いつもどこかが燃えている状態となります。スラム化したブロンクス地区はまるで、空襲後の焼け野原です。

当時のブラック・ミュージックはというと、ディスコの最盛期。でも、クラブに行けない貧困層の若者たちは、公民館や公園のバスケットコートのようなところで、「ブロック・パーティー」と呼ばれる内輪的なイベントをやるようになります。

彼らは、サウンド・システムを持ってきて、そこら辺りから電力を盗み、音楽をかけて踊っていました。ちなみにサウンド・システムは、ジャマイカから持ち込まれた文化です。移動式の巨大スピーカーのセットに、アンプ、ターンテーブルを備えた野外イベント用の音響設備で、彼らのあいだでは、大きなスピーカーをもっている人ほどモテて、集客にもつながりました。

オールドスクールの三大ＤＪ

ブロック・パーティーとはその名の通り、地区ごとの若者たちが小さなコミュニティを形成し、音楽を楽しむ催《もよお》しです。コミュニティは、いわば縄張りとしての意味ももち、地区ごとに決まったＤＪが棲みわかれているのです。

ブロック・パーティーから誕生した、カリスマ的ＤＪが三人います。

一人はジャマイカ系のクール・ハーク*1です。

１９７３年、ウエストブロンクスのブロック・パーティーでレコードをかけていたハークは、集まったみんなが曲の「ブレイク」部分でやたらと盛り上がることに気づきます。そこでハークは、もう１枚同じレコードを買ってきて、ターン

*1
クール・ハーク
Kool Herc (1955-)
12歳で、ジャマイカの首都キングストンからニューヨークのブロンクス区に移り住む。１９７３年に妹の誕生日パーティーのためにＤＪを始める。

テーブル2台に同じレコードをかけて、ブレイクの部分をつなぎ続けました。

ブレイクとは、ドラムのリズムだけになる部分のことです。これをリプレイしたハークの発想が、「ブレイクビーツ」という技術の源流となります。ちなみに、ハーク自身は「メリーゴーラウンド」と呼んでいました。また、ブレイクのところでダンスが盛り上がるダンサーたちの踊りは流行して、「ブレイクダンス」と呼ばれるようになります。

ブレイクビーツで踊る人を「Bボーイ」「Bガール」と呼んだのもハークです。このように、BボーイやBガールたちを楽しませたいという思いから、ヒップホップの基本スタイルが生まれました。

三大DJの二人目、アフリカ・バンバータ[*2]は、元は地元ギャングのボスでした。当時のブロンクス地区にはギャング組織がたくさんあり、縄張り争いが絶えず、殺し合いも起きていました。なかでもバンバータは人望が厚く、地元ギャングたちを次々と自分の配下に取り込みます。ヒップホップの可能性に気づいてからは、ケンカはやめて争いは平和的に解決すると宣言し、ズールーネイションと

---

*2
アフリカ・バンバータ
Afrika Bambaataa (1957-)
ニューヨーク出身。ヒップホップ黎明期から現在まで活躍するDJ。1982年に自身のラップ・チーム、ソウル・ソニック・フォースとクラフトワークの音楽をベースに「プラネット・ロック(*Planet Rock*)」をヒットさせる。

いうチームを組織します。ブロンクス地区のブロックごとに幹部をおいて、もめごとがあるとバンバータが出てきて仲裁にまわるのです。

ダンス・バトルは、バンバータがギャングの抗争をまとめるために、銃撃戦の代わりに提案したとされています。ラップでもダンスでも、ヒップホップ文化にバトルの要素が強いのは、ギャング文化の影響といえるのです。

三人目、グランドマスター・フラッシュ*3は、DJの技術をさらに追求した、ヒップホップ史における重要な人物です。レコードを擦《こす》ってリズミカルな音を出す「スクラッチ」の技術は、フラッシュが確立させたといわれています。

ヒップホップの四大要素

1970年代後半の黎明期のヒップホップは、オールドスクールと呼ばれます。1960年代にソウルからはリズムを強調したファンクが生み出されましたが、ブレイクビーツではさらにリズムだけを抜き出して、再構築されました。

---

*3
グランドマスター・フラッシュ
Grandmaster Flash (1958-)
バルバドス・ブリッジタウン出身。クール・ハークからDJを学ぶ。グループは分裂により1980年代の終わりにシーンから姿を消すが、フラッシュは活動を続けている。

ブレイクダンスや壁に描かれるグラフィティも、ヒップホップには欠かせない。

この時点でのヒップホップは商業的な要素はなく、ブロンクス地区の仲間内に限定された、フォークアート的な存在でした。

ヒップホップの四大要素は、DJ、ブレイクダンス、グラフィティ、ラップとされていますが、この時期のヒップホップの花形はDJとダンサーで、ラッパーは今日のイメージとは違い、サポート的な役割でした。ブロック・パーティーでは司会者（MC）がいて、当初はパーティーの盛り上げ役でしたが、ブレイクビーツに合わせて韻《いん》を踏み始める人が出てきます。これが今のラップの原型となります。

グラフィティは、いち早くオーバーグラウンドへ顔をのぞかせます。エアロゾールアートとも称されるグラフィティは、スプレーやフェルトペンなどを使って壁などに描かれたアートのこと。ヒップホップ文化から生まれたグラフィティは、新しい絵画表現として、フォークアートのかたちで地元ニューヨークのアートシーンに受け入れられます。

ただし、グラフィティはヒップホップ文化がハイカルチャーにアクセスするツールの一つとしては機能しましたが、商業的な成功には至っていません。

大衆化するヒップホップ

草の根で広まっていたヒップホップに、アフリカン・アメリカンの女性、シルヴィア・ロビンソンが注目します。1970年代にR&B歌手として活動していた彼女は、1979年にシュガーヒル・レコードを創業しました。

ヒップホップの商業的な成功をもくろんだロビンソンは、ブロンクスでヒップホップをやっている若者たちに、レコードを出さないかと声をかけてまわりますが、軒並み無視されます。そもそもパーティーを一つの楽曲にするという発想がなかったので、シングル盤に収めて売れるわけがないと取り合わなかったのです。

しかし、ロビンソンはあきらめず、ニュージャージーから素人の若者三人を連れてきて、レコーディングさせます。彼らはシュガーヒル・ギャング[*4]と名づけられ、1979年に発表した「ラッパーズ・ディライト（*Rapper's Delight*）」は世界で200万枚のセールスを叩き出したのです。

当然、ブロンクスのコミュニティからは大ひんしゅくを買いますが、皮肉にもヒップホップはブレイクし、感度の高い白人アーティストたちも興味をもつよう

*4
シュガーヒル・ギャング
The Sugarhill Gang
「ラッパーズ・ディライト」のヒット後も、活動を続け、1985年解散。

になります。

イギリスのパンクバンド、クラッシュは、1980年にラップを取り入れた「7人の偉人（*The Magnificent Seven*）」を発表。1981年にはアメリカのブロンディが「ラプチュアー（*Rapture*）」を発表し、Billboard Hot 100でトップを獲得します。これが、ラップを含んだ楽曲初の1位作品となりました。

ロックがヒップホップに接近しつつも、この辺りまで、ヒップホップは純粋にパーティーのための音楽でした。ヒップホップというとギャングの危険な日常を歌っていたり、政治的なメッセージが込められていたりするものを想像しがちですが、当時はブロック・パーティーのありふれた風景を歌った、娯楽的でのどかなものだったのです。

三大ＤＪの一人、グランドマスター・フラッシュが、グランドマスター・フラッシュ・アンド・ザ・フューリアス・ファイヴを結成して、1982年に「ザ・メッセージ（*The Message*）」を発表します。

タイトルの通りメッセージ性が強く、黒人たちのゲットーの生活を歌い、皆に「これでいいのか」と問いました。こうしたメッセージ性の強いスタイルを指して「コンシャス・ヒップホップ」とも称します。この曲を皮切りに主張性を追求する曲が増え始めたことからも、今のヒップホップのかたちを作った屈指の名曲といえます。

1970年代のオールドスクールに対して、1980年代のヒップホップはニュースクールと称されています。ヒップホップは草の根から生まれ、発展しながらオーバーグラウンドに行くという、ブルースと似た流れをたどり、大衆化の道を進み始めます。

そして、同じリズムをループさせるヒップホップの手法はオルタナティヴ・ロックやメインストリームのポップスに影響を与えていきます。

また1980年代半ばになるとサンプラーが安価になり、一般人でも手に入れやすくなり普及し始めます。サンプラーは主にトラックメイキングに使われています。これは、既存の音楽から好きな部分だけを切り取り、自在に再生出力できる技術で、特にヒップホップシーンで活用されました。

ニューヨークのＤＪたちを中心に、サンプラーを使って過去の音楽をコラージュ的に引用するのがトレンドとなります。過去の音楽を使用するため、著作権法との摩擦を引き起こしますが、アメリカではフェアユースの法理に基づき、サンプリングは著作権侵害とみなさないことが通例となっています。

一方、日本の著作権法ではフェアユース規定がなく、アメリカと比べて既発曲のあからさまな引用はあまり行われていません。外国のDJたちがこぞって使うサンプラー（AKAIなど）が、日本のメーカーから発売されたことを考えると、なんとも皮肉なことです。

ブロンクスから郊外へ

1984年に、ラッセル・シモンズとリック・ルービンによって、デフ・ジャム・レコーディングスというヒップホップのレコード・レーベルが設立されます。これが、ヒップホップがブロンクス地区から大きく羽ばたくきっかけとなりました。リック・ルービンはその後、多くのアーティストを手がける著名なプロデューサーとなります。

デフ・ジャムからは、RUN DMC[*5]、ビースティ・ボーイズ[*6]、パブリック・エネミー[*7]といったアーティストが登場します。

RUN DMCは、ブロック・パーティーでも人気の高かったエアロスミスの「ウォーク・ディス・ウェイ（*Walk This Way*）」を、エアロスミスのメンバー本人をフィーチャーして、1986年にリメイクします。大物ロッカーとヒップホップのアーティストによる前代未聞のコラボということで、驚きをもって迎えられました。ここでRUN DMCは、全国規模で白人のオーディエンスを獲得するのです。

ビースティ・ボーイズはもともと、ハードコアをやっていた白人バンドです。ニューヨーク出身の彼らは黎明期の頃からヒップホップに親しんでいて、ツアーでもヒップホップのアーティストと対バンでまわっていました。その関係に触発されてヒップホップに転向。1986年にデフ・ジャムからアルバム『ライセンス・トゥ・イル（*Licensed to Ill*）』を発表します。今度はこれが黒人のオーディエンスに受け入れられて、白人ヒップホップとしてのヒット第一号となりました。

---

*5 **RUN DMC**
1982年にニューヨークで結成。1990年代初めまで活躍するが、ラッパーのランの牧師転向により活動は停止。2002年にDJのミゼルが射殺されて解散となった。

*6 **ビースティ・ボーイズ Beastie Boys**
1981年にニューヨークで結成。Billboard 200で1位を獲得した『ライセンスト・トゥ・イル』以降も意欲的な作品を発表する。

*7 **パブリック・エネミー Public Enemy**
1982年にニューヨークで結成。1990年代のヒップホップ・シーンをリードし、現在も活動中。

1987年にデビューしたパブリック・エネミーは、かなり政治的な内容で攻めています。グランドマスター・フラッシュ・アンド・ザ・フューリアス・ファイヴの楽曲「ザ・メッセージ」から連なる、コンシャス・ヒップホップの流れを拡大します。ブラックパワー的メッセージを打ち出し、今のヒップホップ・アーティストが踏襲している部分です。

ニューヨークから西海岸へ

アメリカは、1980年代初めまで続いた不況を乗り越え、1982年から88年まで高い成長率を保っていました。ですが、1990年代に入り、低所得層の生活状態の悪化が問題視され始めます。

そのような社会状況のなか、1992年にロサンゼルス暴動が起きます。停止命令を無視して逃走した黒人の青年が、複数の白人警官から暴行を受けますが、裁判では警官に無罪判決がくだされました。これに憤激した貧困層のアフリカン・アメリカンやラティーノの住民たちが暴動を起こし、町で略奪行為を広げます。

ロサンゼルス暴動（1992年）。

ただ、コリアン系も住民が標的になるなど、従来の〝黒人対白人〟の構造ではありませんでした。アメリカに根深くある人種差別に、新しい移民とのあいだの軋轢、貧富の格差などの問題が複雑に絡み合った事件へと発展したのです。

それまで東海岸の寡占《かせん》状態だったヒップホップは、混沌とした社会状況を抱える西海岸にも広がっていきます。そして、ギャングスタ・ラップが生まれ、東海岸と西海岸の東西対立の構図が生まれました。

過激すぎてFBIが動く

「Niggaz Wit Attitudes（主張する黒人たち）」の頭文字をとった、ドクター・ドレー、アイス・キューブ、イージー・Eらを擁するN.W.A*8というグループが登場します。彼らは、過酷なゲットーの環境をラップし、ありのままを表現するにはストリートの言葉を使わなければいけないと考え、痛烈で過激な表現を取り入れます。これを「ギャングスタ・ラップ」といいます。

*8
N.W.A
1986年にカリフォルニア州で結成。西海岸のヒップホップ・シーンの伝説的グループとされる。過激で刺激的なリリックは放送コードに抵触するものが多く、問題視され続けた。

N.W.Aの代表曲は、1988年に発表した「ファック・ザ・ポリス（*Fuck tha Police*）」です。タイトルからも彼らの痛烈さが伝わるでしょう。この曲は、ジェームス・ブラウンの「ファンキー・ドラマー」（150頁）をサンプリングして作ったものです。

当時ゲットーで蔓延していたクラック・コカイン摘発のために、警察は頻繁にギャングを取り締まっていました。有色人種であればだれかれ構わず手荒に職務質問し、証拠がなくてもギャングのデータベースに登録してしまうようなありさまです。あまりに理不尽な取り締まりに、アフリカン・アメリカンやラティーノたちは怒っていたのです。この曲は警察のハラスメントを歌っていますが、発売するやいなやFBIが問題視するほど波紋を呼びました。

親に「聴くな！」と言わせた音楽は、勝ち

「暴力」「性的」「犯罪」といった未成年者にふさわしくない表現があると認定された音楽作品に対して、全米レコード協会（RIAA）がステッカー添付で勧告

する「ペアレンタル・アドヴァイザリー」が出てきたのもこの頃です。

ペアレンタル・アドヴァイザリーは、PMRC（ペアレンツ・ミュージック・リソース・センター）という市民団体の活動によって導入された制度です。PMRCはのちの副大統領になるアル・ゴアの妻、ティッパー・ゴアをはじめとする政治の世界に強力なコネクションをもつ女性たちを中心に設立されました。

PMRCは当初、悪魔崇拝的傾向をもつ一部のヘヴィメタルを問題視していましたが、ギャングスタ・ラップが登場してきた頃から、対象がヒップホップに向かうようになります。ヘヴィメタルの問題は保守的なキリスト教徒だけのものでしたが、ギャングスタ・ラップは露骨に殺人などに触れていて非難しやすかったのです。人種差別的動機も手伝って、ヒップホップは社会からの攻撃対象となっていきます。

1988年に発表されたN.W.Aのファースト・アルバム『ストレイト・アウタ・コンプトン（*Straight Outta Compton*）』にも、ペアレンタル・アドヴァイザリーのステッカー[*9]が貼られました。

ところが、大人たちの狙いとは裏腹に、ステッカーが貼られることで「刺激が詰まった作品」だと若者たちが見抜き、売上げが伸びる結果となります。ロック

*9 ペアレンタル・アドヴァイザリーのステッカー。

ンロール登場のときと同様に、大人たちが「聴くな！」と声高《こわだか》に罵《ののし》る音楽は、若者にとっての「かっこいい」であるのは世の常といえるでしょう。

一種の業界検閲にあたるこの制度は、ミュージシャンたちのあいだでも表現の自由とともに問題視されるようになり、フランク・ザッパ[*10]やジョン・デンバー[*11]が抗議の声を挙げます。ベテラン・ミュージシャンたちが上院議会で証言する事態となり、大きな注目を集めました。ザッパは、自身が出席したこの公聴会での議員たちの発言をコラージュした『ミーツ・ザ・マザーズ・オブ・プリヴェンション（*Frank Zappa Meets the Mothers of Prevention*）』を発表しています。

その後、西海岸からはスヌープ・ドッグ[*12]、2Pac[*13]といった才能あるアーティストが続いて登場します。西海岸のヒップホップの存在感が増すことで、東海岸との対立抗争の構造が浮かび上がり、作品で互いに攻撃し合うビーフ合戦が始まります。対戦は激化し、西海岸では2Pacが、東海岸ではノトーリアス・B.I.G.[*14]が若くして命を落とすことになります。

一方、当時のロックシーンに目を移すと、イギリスでもっとも人気を得ていた

---

*10
フランク・ザッパ
Frank Zappa (1940-1993)
メリーランド州出身。10代の頃から現代音楽やR&Bを好み、独学で作曲を学ぶ。あらゆる音楽ジャンルの要素を取り入れながら、独自の世界を確立した。

*11
ジョン・デンバー
John Denver (1943-1997)
ニューメキシコ州出身。エルヴィス・プレスリーの影響でギターを始める。1969年フォーク、カントリーのシンガー・ソングライターとしてソロ・デビューする。

*12
スヌープ・ドッグ
Snoop Dogg (1971-)
カリフォルニア州出身。1990年に213を結成。1992年にソロ・デビューする。ファースト・アルバム『ドギースタイル（*Doggystyle*）』がBillboard 200で1位を獲得した。

ロックバンドのレディオヘッド[*15]が、1997年に『OKコンピューター（*OK Computer*）』というアルバムを発表します。それまでのギターサウンドは鳴りをひそめ、サンプリングを多用した路線にシフトしますが、これは今日のヒップホップの覇権を予測する出来事だったかもしれません。

---

*13
2Pac
(1971-1996)
ニューヨーク出身。1988年にサンフランシスコに移住。デジタル・アンダーグラウンドのメンバーとして1991年にデビュー。ギャングスタ・ラッパーとしても活躍。何者かに銃殺されて他界。

*14
ノトーリアス・B.I.G.
The Notorious B.I.G.
(1972-1997)
ニューヨーク出身。1992年にデビュー。セカンドアルバムリリース前、あるパーティーの帰り道に銃撃を受けて他界。

*15
レディオヘッド
Radiohead
1985年にイングランド・オックスフォードシャーで結成。3枚目のアルバム『OKコンピューター』が世界的なヒットとなった。

Column 6

そのとき
日本の
音楽シーンは
［～1990年代］

渋谷系とJ-POPの誕生

音楽の発信基地は、新宿から渋谷へ

１９８０年代までの日本の音楽流行の主な発信地は、レコード屋やライブハウスが集積する新宿でした。この流行の中心は徐々に渋谷へと移っていきます。渋谷では、１９７３年に創業した渋谷パルコを中心に、若者文化が形成されるようになります。

１９８１年にタワーレコード、１９９０年にＨＭＶと、外資系のＣＤショップもオープンし、渋谷は海外の最新ヒットがいち早く輸入ＣＤで手に入れられるだけでなく、インディーズ系アーティストの情報を得られる場所にもなります。

そうしたなかで、小沢健二と小山田圭吾によるフリッパーズ・ギター、小西康陽のピチカート・ファイヴ、田島貴男のオリジナル・ラブといったアーティストの作品が、渋谷のCDショップを中心に流行し始め、〝渋谷系〟と呼ばれるようになります。

歌謡曲と決別した「J-POP」

1980年代の終わり、洋楽専門のFM局だったJ-WAVEが、日本のポップスの放送に踏み切ります。そして、旧来の歌謡曲と区別する意味で、日本人が手がけるポップスに「J-POP」と名づけるのです。

J-POPというジャンルは、流行のなかから自然発生したのではありません。じつは、J-WAVEが会議のなかで誕生させた、一種のマーケティング手法でした。洋楽しか流さないJ-WAVEが、日本の音楽をお勧めする——。つまり、「J-WAVEが選ぶ日本のポップスはオシャレだ」というブランド性を打ち出すことが狙いだったのです。

では、実際にどういうアーティストが選抜されたかというと、「演歌歌手やアイドルはダメで、サザンオールスターズ、松任谷由実、大瀧詠一、山下達郎はOK」というように、かなり感覚的に決められていたといいます。

結果的に数年後には、全国のCDショップのジャンル・カテゴリーでは、J-POPが邦楽にとって替わるようになります。これは、音楽業界やリスナーが、歌謡要素の強いポップスに対して「古臭い音楽」と感じていたことを浮き彫りにしました。そして、洋楽や渋谷系の音楽を好んで聴く感度の高い若者たちを、歌謡曲から上手く切り離すことに成功したのです。

やがてJ-POPという言葉は、当初のコンセプトから離れて、「いわゆる日本で流行するポップス」といった解釈に広がっていきます。言葉の定着とともに命名当初からの意味を離れ、「日本で流行のポップス」と言葉の定義が拡大されて、今に至っています。1930年代に「流行歌」と呼ばれていた音楽が、ラジオ局(当時はNHKのみ)の意向で「歌謡曲」に名称が替えられたように、ここでもラベルが張り替えられたことになります。その意味でJ-POPは〝平成歌謡〟といえるのでしょう。

終　章

挑戦

2000s~

音楽とインターネットは共存できるか

音楽のデジタル化とインターネットの出現で、
21世紀の音楽産業は大きく変化しています。
「音楽はただで聴く」という新しい価値観も生まれました。

磁気媒体が、音楽と人を一気に近づけた

20世紀のポップス史は、音響の記録・再生・複製の技術発展とも密接な関係をもっています。レコードやテープといった音響媒体（メディア）と再生技術の発明によって、音楽はより強い拡散性をもつようになりました。

1980年代初めにはCD（コンパクトディスク）が市場へ導入され、音楽産業はアナログからデジタルへと移行します。そして21世紀に入り、パソコン、インターネットの環境が広く普及し、それまで音楽業界が握ってきた産業構造が大きく変化し始めることになります。

21世紀の音楽産業の変化について触れる前に、ここで音楽媒体の歴史を振り返っておきましょう。

音楽は、演奏者、楽器、会場、聴衆によって変化するものです。同じ演奏者でも、まったく同じ演奏を再び行うことはできません。19世紀以前は、人々は一度

演奏された音楽を、二度と聴くことはできなかったのです。

1887年、エミール・ベルリナー[*1]によって円盤式蓄音機「グラモフォン」と円盤式レコードが発明されました。実際に演奏会に足を運ばなくても音楽を聴くことができる。なにより、二度と聴けなかったはずの演奏が再び聴ける、画期的な〝事件〟でした。

レコードは、音の空気振動を波形に変換し、その波形を盤面へ刻むこと(音溝)で録音します。量産性に優れたレコードの商業利用が本格化すると、20世紀初めにはレコード会社も急成長を遂げていきました。

1925年頃にはマイクロフォンが普及して、電気録音が可能になります。それまではラッパ型の集音器を使って振動を伝達し、レコードの原盤に波形を刻み込む録音方式でしたが、マイクロフォンによる録音でノイズが軽減され、歌声や楽器演奏の細かいニュアンスを伝えることができるようになります。「クルーナー」というヴォーカル・スタイルが登場するのもこの頃です。それまでの歌手たちは、しっかりと声が通るようなストレートな歌い方が主流でしたが、マイクロフォンが普及するとその特性を生かして、やわらかい声やささやくような歌い方をする歌手が現れたのです。

*1
エミール・ベルリナー
Emile Berliner (1851-1929)
ドイツ出身。1870年にアメリカに移住。1897年にロンドンで世界有数のレコード会社となるEMIの前身グラモフォン社を設立した。

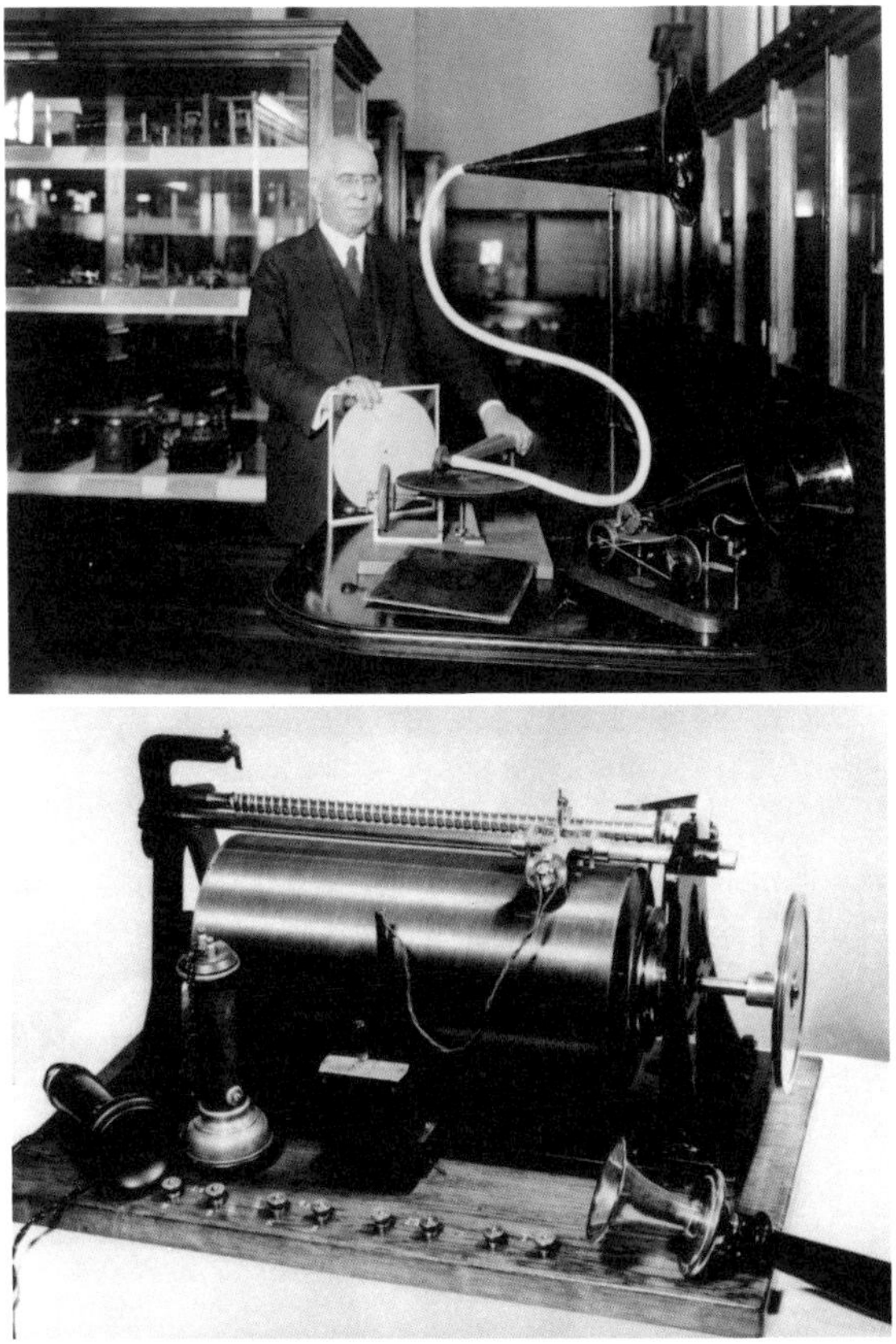

グラモフォン（上）と、テレグラフォン（下）。

１８９８年には、ヴォルデマール・ポールセン[*2]が磁気録音機「テレグラフォン」を発明します。音の空気振動を磁気で記録する、テープレコーダーの原型です。磁気録音機の研究は各国で進められ、第二次世界大戦後のアメリカで大きな技術向上を経て商品化へ漕ぎつきます。

テープによって音楽制作の現場では、録音した音楽の編集作業が可能になりました。１９６０年代前半のカセットテープの登場によって、一般の人が気軽に、レコードやラジオから流れる音楽を録音・再生・複製することができるようになります。そして１９７９年、ソニーから携帯用の小型カセットテープ・プレイヤー「ウォークマン」が発売されました。「いつでも、どこでも、誰でも音楽を楽しめる」という、新しいライフスタイルが定着します。

光ディスクの登場

ＣＤは音をデジタル化して記録し、そのデジタル信号を元に再生する音響複製技術です。デジタルの録音方式は１９７０年にすでに実用化されていましたが、

---

*2
ヴォルデマール・ポールセン
Valdemar Poulsen
(1869-1942)
デンマーク出身。幼少から物理学や化学に興味をもち、コペンハーゲン大学で学ぶ。電話会社に入社し、技師として会話の記録・再生の機械を研究した。

再生方式は1982年にCDとして初めて商品化されます。CDプレイヤーの主な生産国が日本であったこともあり、CDは日本から普及し始めます。

当初のCDは音質がよくないものも多くありました。私は高校生の頃、CD初期のアルバムが聴きたくてよく購入していました。現代のCDと比べると、明らかに音が小さくて細部が聞き取りにくく、音がよくないなと感じました（とはいえ、不人気ゆえに値段が安いのは、当時の私にはありがたかったのですが）。

ミュージシャンたちもCDに録音された音質に満足できず、短い期間で何度も再販されることがありました。大瀧詠一も、1981年発表の『ロング・バケイション（*A Long Vacation*）』が初CD化されたその1年後に、リマスター盤を出しています。

1990年代に入ると、媒体などの実体を伴わないデジタルデータが注目され始めます。人々は、パソコン上でCDからデータを取り出し、MP3に変換して他人と共有するようになります。MP3とは、音楽ファイルや映像ファイルをより簡単に圧縮するために開発された、マルチメディアアプリケーションです。

当時の大学生を中心とする若者たちは、大学のサーバーやインターネットのウェブサイトにMP3ファイルを公開し始めます。誰でも楽曲をダウンロードできますが、どのサイトに行けばお目当ての曲が見つかるかがわかりにくく、環境が整っていないという難点もありました。

1999年、ノースイースタン大学の学生ショーン・ファニングは、この難点に着目しました。ネット上にあるMP3ファイルを組織化して、誰でも簡単に見つけ出せるようにします。それが「ナップスター」です。

著作権無視のファイル共有が横行

ナップスターは、「ピア・トゥ・ピア（Peer to Peer、P2P）」を使ったシステムの走りです。P2Pは、MP3のデータをさらに圧縮することで、ユーザー間のファイル送信を容易にします。ナップスターが画期的だったのは、利用者が特定のサイトやサーバーにアクセスするのではなく、曲をもつ人のパソコンに直接アクセスしてファイルを共有する点です。

P2Pの分散性で、何百万人ものユーザーが一度に大量のファイルへアクセスできるようになりました。ちなみに、2000年9月の1か月間だけで、14億以上の音楽ファイルが共有されています。

リスナーのなかには、音楽を無料で手に入れることを目的にサービスを利用する人もいました。そして、音楽業界にとっては、従来のビジネスモデルの変化を余儀なくされる事件へと発展します。

ナップスターとは詰まるところ、著作権を無視した無法地帯のようなものです。アメリカのメジャー・レコード各社は、リスナーの横行を脅威だと感じ、結束してナップスターの広がりを封じ込めようとします。

1999年末には、全米レコード協会（RIAA）がナップスターを提訴。メタリカをはじめ、アーティスト側もRIAAの動きに賛同するものが現れ、業界全体を巻き込んだ騒動となりました。

一部のユーザーは、レコード会社やアーティストたちの行動に納得していませんでしたが、ナップスターは敗訴し、破産へと追い込まれました。

ちなみに、新しいメディア勢力と音楽業界の攻防は、20世紀初めでも行われていました。1920年代、アメリカでラジオの発信力が一気に高まった際、作曲家や作詞家の団体がラジオ局に対して利益の再配を要求したのです。

家庭にラジオが目覚ましい勢いで普及する一方で、ラジオ局の数も急激に増加します。ラジオ放送の黎明期からすでに、音楽番組は人気のプログラムでした。ヘヴィーローテーションで曲を流すラジオならではのスタイルはこの頃からすでにあり、レコードの音質がまだ十分ではなかったことから生演奏も行われていたのです。

そのような状況のなか、1914年に発足していたアメリカ作曲家作詞家出版者協会（ASCAP）はまず、放送での生演奏は「公の実演」にあたるとして、楽曲使用料の支払いをラジオ局に求めます。ラジオ側は、生演奏はミュージシャン側の広報活動の一環であると主張しますが、結果的には使用料の納付を受け入れる結果となりました。

ただし、ナップスターの場合は、普及する加速度や世界規模といったスケールの違いが際立ちます。

日本国内でもP2P技術を使ったファイル共有ソフトによる著作権侵害が問題

視されています。2001年には「ウィン・エムエックス」、2003年に、「ウィニー」の利用者が逮捕、起訴。2004年にはウィニー開発者、金子勇が著作権法違反の共犯の疑いで逮捕、起訴され、のちに無罪となりましたが大きな話題となりました。

iPodでデータを持ち歩く時代

音楽データの共有は、CDの売上げに大打撃を与えました。2002年には、デジタルコピーを抑止する技術を施した、コピーコントロールCD（CCCD）が採用されるようになります。しかし、すでにユーザーのあいだでは2001年に登場した携帯型デジタル音楽プレイヤー「iPod」が人気を集めている時代です。音楽データをパソコンに取り込み、iPodで視聴するという方法が一般化していました。また音質も悪く、CCCDは不評を買いあっというまに姿を消してしまいます。

2003年にアップルコンピュータ（現アップル）がiTunesミュージックストアを通じて、五つのメジャー・レコード会社と楽曲を販売する契約を締結します。ここで合法的なデジタル音楽市場が一つの成果を見せますが、ネット上での音楽ファイルの共有は衰えることなく続きます。

2005年にはYouTubeがサービスを開始。日本国内でも2006年からニコニコ動画がスタートし、動画系の配信が人気を獲得していきます。こうした動画サービスでは、無許可でのアーティストの楽曲やPVのアップロードが横行します。

動画配信サービスの普及はあまりにも早く、音楽業界も打つ手がない。産業全体がさらなる打撃を受けました。

もはや世界の流れを食い止めることはできないのではないか——。音楽業界は、技術革新を抑圧するのではなく、むしろ技術革新と共存する方向へと大きく舵をとることを決断するのです。

リスナーが自由に価格を決められる実験

インターネット上で音楽をはじめ、映画、アニメなどが共有されたことによって、若年層の消費者は徐々にエンターテインメントのコンテンツにお金をかけるという感覚が薄れ始めます。

そこを逆手に取ったアーティストが、レディオヘッドです。2007年、新しいアルバム「イン・レインボウズ（*In Rainbows*）」を発表するにあたり、デジタル盤の価格をユーザーが自由に決められる手法を取ります。アーティストによるダウンロード販売の前例がなかったことと、値段が購入者の任意によるということで、大きな注目を浴びます。

当時のネット上では、アルバム発売前のデジタル音源がたびたび違法リークされるという状況までできていました。レディオヘッドには、リークされる前に、デジタル音源を自分たちの手で広めてしまおう、という意図もあったようです。アメリカでは約4割のリスナーが有料、6割が無料でダウンロードし、有料購入者がつけた値段の平均は日本円で1000円程度といった結果になりました。

大きなリスクを背負って行った実験が功を奏し、その後、複数のバンドが同じような販売方法に挑戦しています。

ちなみに、日本独自の発展としては、携帯電話の着信音として30秒ほど楽曲を提供するサービス「着うた」が2002年からスタートします（2016年に終了）。デジタル販売になかなか踏み込まず、フィジカルとの共存を優先した日本の音楽業界らしいサービスでした。全曲公開が世界標準であるなか、あえて小出しに提供するところが、ガラケーと同様に非常にガラパゴス的といえます。

P2Pのファイル共有は、サブスクリプションの音楽配信サービスの発展も促すことになります。インターネットのストリーミング技術を使用した定額制のサービスは、ユーザーと音楽業界の両方の利益を共存させる一つの到達点といえます。スマートフォンやパソコン一つで、古今東西の音楽を楽しめる視聴スタイルが定着したことで、現在はマンガや映画業界でもこのビジネスモデルが採用されています。

YouTubeでもアップロードされた曲の著作権所有者に広告収入が支払われる仕

組みが導入されました。

リスナーは無料で音楽を手に入れられ、著作者にもお金が入る——。インターネットが一般化して20年以上がたち、大きな混乱もありましたが、ようやく新しい収益モデルが定着し始めています。

デジタル技術は、音楽制作を身軽にする

ここまで、デジタルによるリスナー側の変化について述べてきましたが、今度は制作側について見てみましょう。

レコーディングで一曲仕上げるためには、録音、編集、ミキシング、マスタリングなどの作業があります。これらの作業を行うのに、プロ仕様のスタジオ設備を整えるには、かつては億単位の投資が必要でした。DAW（デジタル・オーディオ・ワークステーション）が登場したことで、この一連の作業がパソコン上でできるようになります。

そして、アーティストたちは各自で録音環境をもつ時代に突入します。安価で質のいい機材も増え、若者でも本格的な環境を整えることができるのです。音程やリズムの編集も自在で、設備的な部分だけ見れば、プロとアマの境界があいまいになったといってもいいでしょう。

さらに、電子楽器のデータを共有するための共通規格であるMIDIの登場も、音楽制作を身軽にする風潮を後押しします。余談ですが、携帯電話で着メロを作った経験のある人もいると思いますが、あれはこのMIDIの技術を使ったアプリケーションです。

デジタル技術の発展でテープ録音は急速に衰退して、デジタルで録音して、ミキシングをするのが一般的になり、音楽制作の現場でもデジタルが覇権を握ることになります。

レコーディングで使用できるトラック数も、比較にならないほど多くなります。トラックとは、別々に録音されたヴォーカルや楽器のパートのことで、ビートルズのアルバム『サージェント・ペパーズ・ロンリー・ハーツ・クラブ・バンド』

では、たった4トラックで制作していました。

4トラックの場合、たとえばヴォーカル、ギター、ベース、ドラムの四つのパートで録音したとします。4トラック分を録り終えると次は、「ドラムとベース」「ギターとヴォーカル」といったように、トラック同士をまとめます。すると、2トラック分の空きができ、余ったトラックで、新たに他の楽器やコーラスなどを録音するのです。

この作業を何度も繰り返してレコーディングしていたのです。現在はそんな地道なことはせず、最初から何百個と際限なく設定することができます。

さらにドラム、ギター、ベース、ピアノ、管楽器、弦楽器、あらゆる楽器の音が電子化されて、実際の生音と遜色ない再現性をもつようになります。つまり、アーティスト一人がパソコン一台で音楽を作ることができる時代なのです。

また、ヤマハが開発した音声合成システム「ボーカロイド」に対応した、ヴォーカル音源「初音ミク」が2007年に登場し、ニコニコ動画で人気を博します。「16歳の少女」というアニメ的意匠の設定は、オタクカルチャーと高い親和性を呼びました。ユーザーたちは当初、初音ミクにカバー曲を歌わせていましたが、オリジナル曲を発表する「ボカロP（ボーカロイド・プロデューサー）」と呼ばれるようになる作家の一群が登場します。このなかからも商業作家や、米津玄師《よねづけんし》といった、メジャーシーンで活躍するアーティストが出てきています。

音楽はよりシームレスに

音楽媒体の変遷はまだ過渡期といえます。

国際レコード産業連盟（IFPI）が発表した、2019年の世界の音楽市場売上げレポートを見ると、CDやレコードといったフィジカル、ダウンロード、サブスクリプションの売上げでは、サブスクリプションの割合が大きく占めていることがわかります。ただし、日本だけを見てみると、サブスクリプションやストリーミングの普及はまだフィジカルには及びません。また、レコードの売上げが過去5年間で上昇傾向を見せているなど、フィジカルへの関心がまったく無くなっているとはいえない状況です。

世界の音楽フォーマット別売上げ割合（2019年）

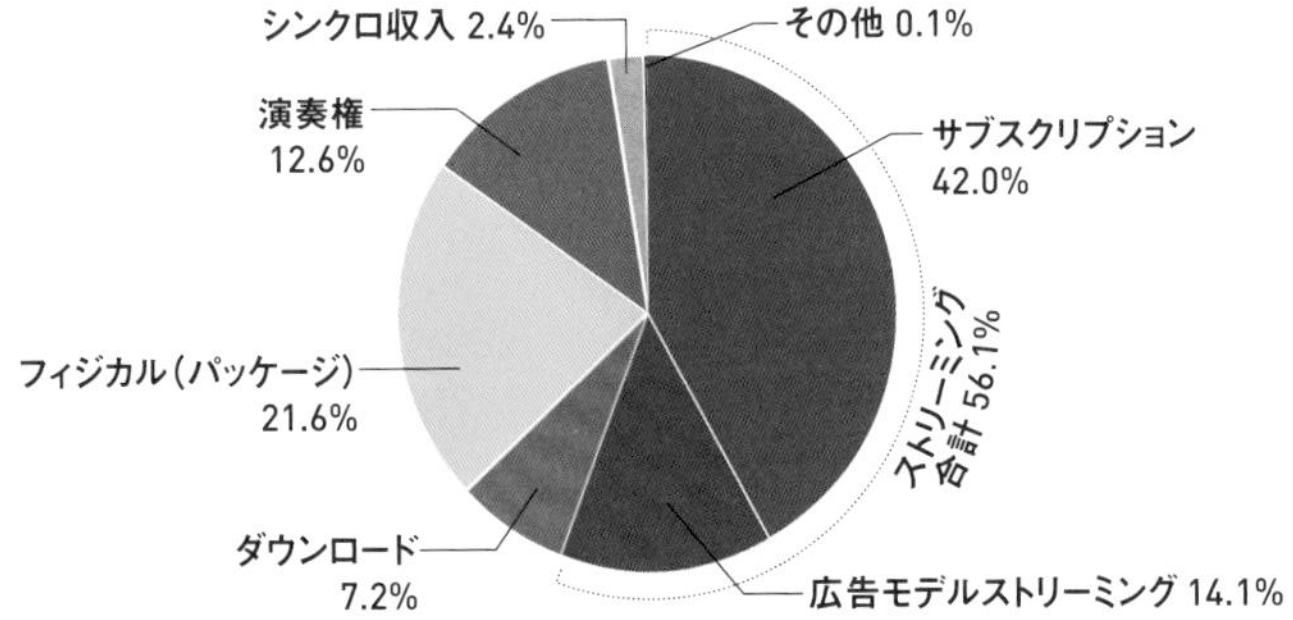

国際レコード産業連盟（IFPI）「Global Music Report 2020」より作成。

とはいえ、音楽の聴き方は21世紀に入って非常に大きな変化が生じているといえます。

ダウンロードやサブスクリプションといった音楽の鑑賞の方法は、曲単位で音楽を聴く習慣を促しています。ビートルズが1960年代に『サージェント・ペパーズ・ロンリー・ハーツ・クラブ・バンド』で提示して以降、アーティストはアルバムで作家性を表現することが重視されてきましたが、約50年ぶりにシングルを主体に作品を発表する動きも活発化しています。

一方で、出だしを聴いてつまらないと飛ばされてしまうサブスクリプションならではの傾向から、曲のイントロはどんどんと短く作られる傾向が顕著です。シャッフル

日本の音楽フォーマット別売上げ割合（2019年）

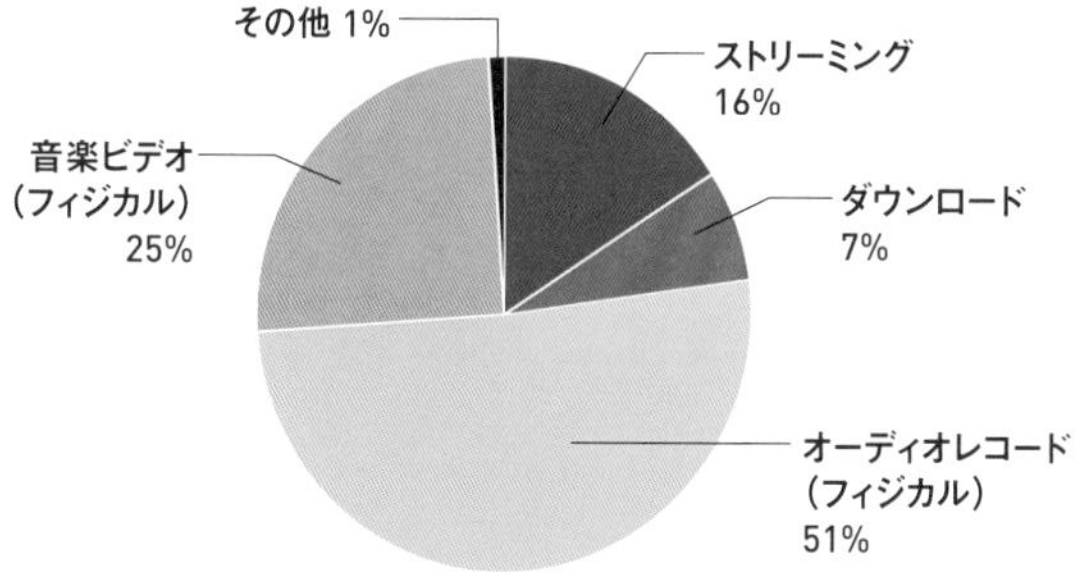

日本レコード協会「日本のレコード産業2020」より作成。

日本におけるアナログディスク（レコード）売上げ推移

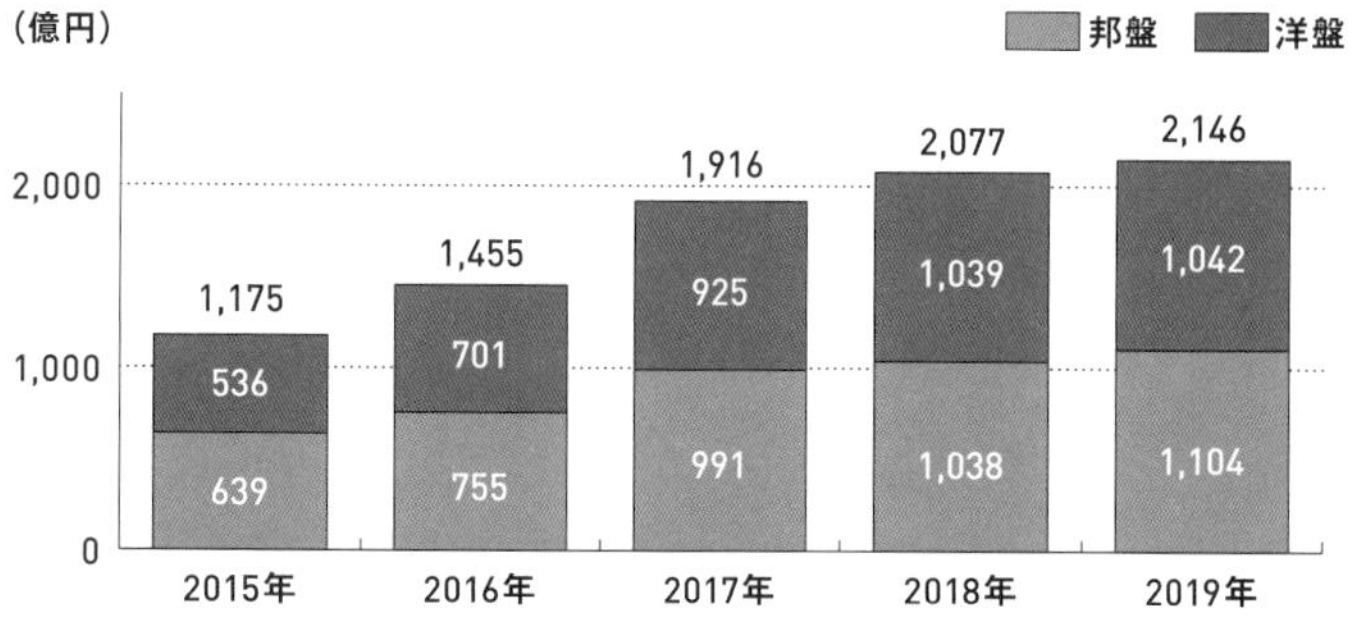

日本レコード協会「日本のレコード産業2020」より作成。

で聴くことも当たり前になりましたが、アルバムの曲順はその後の余韻も含めてアーティストが練りに練って考えた構成です。こうした曲順を無視した聴き方への問題提起もあります。

また、音楽制作環境の変化は、ヒップホップ的な編集の発想であるループやサンプリングが、あらゆるジャンルで用いられるようになりました。音楽手法のジャンル・ボーダレス化によって、「ポップスだけどドラムはループを使っている」といったことが当たり前になっています。ポップスの聴き手側も打ち込みのサウンドやサンプリングへの抵抗感がなくなっています。

欧米で流行っている音楽はタイムラグがあって日本に入ってくるものでしたが、今では世界と同時に楽しまれています。少し前まで洋画も日本公開は半年遅れでしたが、今では大きな作品は世界同時公開になっています。

世界中の音楽にタイムラグ無しでアクセスできるようになり、ある意味、音楽の流行が均質化されているという指摘もできます。全世界的なポップミュージックの潮流が起きているということです。

一方で、過去の日本の音楽も海外で〝発掘〟され始めています。

山下達郎や竹内まりやをはじめとするシティポップも、海外では限られた人だけがアクセスできる音楽でしたが、YouTubeで注目されたことで、ヴェイパーウェイヴ[*3]、フューチャーファンク[*4]といった音楽ジャンルの成立に一定の影響を及ぼしました。

20世紀からの流れも含めて広くとらえると、いろんな要素がぐるぐると回っているようにも見えます。一つだけ、未来の音楽業界を予想するとしたら、世界との距離がますます近くなるなかで、日本の音楽が世界のポップスのメインストリームに絡む時代がまもなくやってくるといえるのではないでしょうか。

YouTubeなどで日本のアーティストのMVを見てみると、海外のファンからのコメントが増えていることに気づきます。海外で人気を集めるアーティストも増え、日本的な特徴をもった音楽も抵抗なく受け入れられ、リアルタイムで消費される時代になりつつあります。

今後、この動きはより加速すると私は考えています。

***3 ヴェイパーウェイブ**

ラウンジミュージック（ホテルラウンジで流れるような心地よい音楽）、スムーズジャズ（イージーリスニング的な心地よいジャズ）、エレベーターミュージック（デパートで流れるBGM）といった商業BGMをサンプリング・加工した音楽。1980年代から1990年代の雰囲気をもつ。加えて、当時の3Dグラフィックスを想起させるノスタルジックな映像と併せて一つの世界観を表現する。

***4 フューチャーファンク**

ヴェイパーウェイブから派生したジャンル。日本のバブル期を彷彿とさせるシティポップやアニメ、CM映像から主なインスピレーションを受けている。

おわりに

「変化」と「不変」を――邦楽が世界を制する道

20世紀はやっぱり、ヤバすぎる――。

本書を書き終えて、あらためてそう感じました。

１００年という時間を眺めてみると、人々はさまざまな喜怒哀楽を経験しています。そこには胸が締めつけられるほど悲しい出来事もあれば、おいおいそんなことやっちゃうの?と、思わず笑ってしまう破天荒なものまでじつにさまざま。彼らは、社会問題や経済変革という大きな流れと向き合い、「芸術」へと昇華させるエネルギーにあふれています。

人間というのはつくづく、罪深くも、素敵な生き物です。

私は、現代に生きるすべての人に、この本を読んでほしいと思っています。それは単に、音楽の歴史を知ってほしい、という願いだけではありません。アーティストというのは一見すると、あまり深く考えずノリで、自分たちの好きなことをやって、偶然スターになったと誤解されがちです。

しかし、100年の歴史を見てわかる通り、彼らの活躍には、れっきとした理由があります。本質をとらえれば、今の私たちが学ぶべきことも数多くあります。売り手としてのマーケティング、マネジメント能力の高さも随所に感じられたことでしょう。ポップス史には、仕事や人生にも役立つ、ユニークなエピソードがたくさん詰まっているのです。

いま私は、ミュージシャン、クリエイターという立場から「音楽」に携わっています。本書を執筆するにあたり、欧米の100年分を棚卸ししたことで、日本の音楽史があらためて尊いものだと感じています。また同時に、これからの課題のようなものも見えてきました。

ここからは、日本の音楽シーンの未来について、僭越ながら私なりに少しだけ占ってみたいと思います。

終章でも述べましたが、サブスクリプションが一般的となった今、世界中の人は、古今東西の音楽をリアルタイムで楽しめるようになりました。

2020年、インドネシアの女性YouTuberが、松原みきの「真夜中のドア」をカバーしたところ、世界中のサブスクサービスで、原曲が一斉にチャートインする現象が起こっています。数十年前に日本でヒットした曲が、時代を超えてシームレスに伝播する流れは、過去を見てもめずらしい出来事です。インターネットの登場と技術革新によってもたらされた、新しい音楽の在り方といえます。一方、現在活躍する日本のアーティストも、これまでにない規模感で海外のファンを獲得しています。インターネットと音楽の新たな可能性を見出し、世界レベルで音楽をリードする日本人が現れるのは時間の問題でしょう。つまり、日本のポピュラー音楽史が、世界の音楽史に大きく加わっていくということです。

現代の邦楽は、民謡、浄瑠璃、小唄、音頭といった日本古来の様式を受け継いだ賜物です。グローバリゼーションのもと、邦楽が世界のメインストリームと合流する未来を想像するとワクワクします。世界屈指のアーティストたちが邦楽に感化され、各自のバックボーンと融合させた音楽が誕生する――。アメリカとイギリスのポピュラー音楽史を切り離して考えるのが不可能なように、「日本の音楽史と世界の音楽史は、絶対に切り離せない」という未来を描かずにはいられません。

そのために重要となるのは、私たち自身が日本の音楽史をきちんと把握しているか、ということです。輸出する側に素地がないまま、世界のメインストリームへ飛び込めば、日本の素晴らしい音楽も簡単に使い捨てられてしまうでしょう。

加えて、邦楽が世界で弄《もてあそ》ばれないためのプライドも忘れてはいけません。

アフリカン・アメリカンたちが、100年以上にわたって難しい立場にありながら、世界のポピュラー音楽を常にリードできたのは理由があります。彼らは、自分たちで発明した音楽が（白人などによる）大衆文化に飲み込まれる際、もっとも厳しい審美眼をもった鑑賞者として審査を行いました。少しでも本質を掴めていなかったり、上っ面だけを盗んで創作を行う姿勢が感じられれば、まったく取り合わないのです。これからの邦楽が、世界の本流に統合されるならば、攻めと防御の両面から立ち位置を自覚することが必須であるといえます。

とはいえ、国内での課題はまだ多く残っています。

これまで、邦楽を通史で論じるという試みはほとんど行われていないのです。私の知る限り、『さよならアメリカ、さよならニッポン』（白夜書房、2012年）、『ジャップロックサンプラー』（白夜書房、2008年）という2冊の書籍が数少ない試みとなっています。残念なことにいずれも海外の著作です。邦楽通史にもっとも興味があったのは、むしろ国外の人だったという皮肉な状況といえます。どちらも非常に深い内容の本ではありますが、起点が戦後の音楽になっています。元来、日本人が親しんできた、民謡などに関する視点が欠けているのです。

邦楽はその時代に生きる人々の価値観に合わせて、しばしば呼び名が変化しました。1980年代後半にはJ-POPという名を発明し、「古い歌謡曲からの脱却」というアイデンティティの刷新を行っています。さらに遡れば、似たようなケースが繰り返されています。演説歌（演歌）、流行り唄、レコード歌謡、流行歌、歌謡曲、ニューミュージック……。たった100年のあいだに、驚くほどラベルの張り替えが行われているのです。つまり、J-POPはその最新形であるわけです。

ところがどうでしょう。最新の音楽を手掛けているアーティストたちが、J-POPとして括られることは少なくなりました。別のラベルで呼ばれていたり、むしろざっくりと「邦楽」として扱われているケースが多いのです。「時代の先端」という意味で作られたJ-POPもすでに30年以上が過ぎ、その役目を終えようとしているのかもしれません。

邦楽のラベルは、価値観の変化に伴い張り替えられてしまいます。目を向けるべきはむしろ、「邦楽に通底するものは何か」「ラベルが変わっても残すべきものは何か」「邦楽を、邦楽たらしめる要素は何か」――。大切なのは〝不変〟を掴むことだと思うのです。

私にとっての不変は、日本人が連綿と受け継いできたジャパニーズ・フォーク・ミュージック、つまり民謡から続く歌謡の要素です。現代邦楽とのつながりを探求し、楽しみ、そして誇りへと昇華させる。これを獲得してはじめて、日本発の音楽が圧倒的強度をもって世界をリードできるのではないでしょうか。

宮入恭平は著書『J-POP文化論』（彩流社、2015年）において、J-POPとはつまるところ平成歌謡であった、と看破していました。私もまったくその通りだと思います。

ちなみに私は、「日本人離れしている」という言葉を使わないようにしています。音楽に限らず、スポーツなどあらゆる分野でよく見かける言葉です。おそらく、外の世界の文化を楽しみつつ、内輪ノリで身内を褒める言葉として無邪気に使われるのでしょう。

これからはむしろ、「まったく日本人離れしていない」くらいの方が、こと文化輸出の文脈だと有利ではないでしょうか。それだけ世界が体験したことのない才能を備えている、ということですから。

この100年ほどのあいだで作られた国内の音楽は、驚くべきクオリティをもっていると私は確信しています。これらが世界にしっかりと紹介されれば、これ以上ない素敵なプレゼントになるでしょう。今は、ただただ発見待ちの状況なのです。

新大陸と旧大陸が文化的に接続されたときに、ジャガイモやトマト、唐辛子などが持ち帰られ、世界中の料理がよりおいしくアップデートされました。日本の音楽通史という未踏の地には、世界中の音楽ファンを喜ばせる〝味〟が眠っているはずなのです。

これからの日本音楽が、より世界中の人に愛されることを願って。

2021年3月

みの

●参考文献

生明俊雄『日本の流行歌　栄枯盛衰の１００年、そしてこれから』ミネルヴァ書房、２０２０年
烏賀陽弘道『Jポップとは何か　巨大化する音楽産業』（岩波新書）岩波書店、２００５年
宇多丸、高橋芳朗、DJ YANATAKE、渡辺志保著、ＮＨＫ-ＦＭ「今日は一日〝ＲＡＰ〟三昧」制作班編『ライムスター宇多丸の「ラップ史」入門』ＮＨＫ出版、２０１８年
宇野維正、田中宗一郎『２０１０s』新潮社、２０２０年
大和田俊之『アメリカ音楽史　ミンストレル・ショウ、ブルースからヒップホップまで』（講談社選書メチエ）講談社、２０１１年
岡本太郎『今日の芸術　時代を創造するものは誰か』（光文社文庫）光文社、１９９９年
川北稔編『イギリス史　YAMAKAWA SELECTION』上下、山川出版社、２０２０年
キース・シャドウィック『ジミ・ヘンドリックス　ＬＩＦＥ』ＴＯブックス編集部訳、ＴＯＢＯＯＫＳ、２０１４年
北中正和『増補　にほんのうた　戦後歌謡曲史』（平凡社ライブラリー）平凡社、２００３年
北中正和『ロック史』（立東舎文庫）立東舎、２０１７年
紀平英作編『アメリカ史　YAMAKAWA SELECTION』上下、山川出版社、２０１９年
キングスレイ・アボット編『フィル・スペクター読本　音の壁の向こう側』島田聖子、岡村まゆみ訳、大嶽好徳監修・解説、シンコーミュージック・エンタテイメント、２０１０年
倉田喜弘『日本史リブレット０５４　近代歌謡の軌跡』山川出版社、２００２年
小泉文夫『日本の音　世界のなかの日本音楽』（平凡社ライブラリー）平凡社、１９９４年
佐藤慶治『翻訳唱歌と国民形成　明治時代の小学校音楽教科書の研究』九州大学出版会、２０１９年
ジェームス・Ｍ・バーダマン『アメリカ黒人史　奴隷制からＢＬＭまで』（ちくま新書）森本豊富訳、筑摩書房、２０２０年
ジェームス・Ｍ・バーダマン、里中哲彦『はじめてのアメリカ音楽史』（ちくま新書）筑摩書房、２０１８年
ジェームズ・リオダン、ジェリー・プロクニッキー『ジム・モリソン　ロックの伝説』安岡真、富永和子訳、東京書籍、１９９４年
ジェフ・エメリック、ハワード・マッセイ『ザ・ビートルズ・サウンド　最後の真実』奥田祐士訳、河出書房新社、２０１６年
ジェフ・チャン『ヒップホップ・ジェネレーション［新装版］』押野素子訳、リットーミュージック、２０１６年
ジュリアン・コープ『ジャップロック サンプラー　戦後、日本人がどのようにして独自の音楽を模索してきたか』奥田祐士訳、白夜書房、２００８年

シンシア・レノン『ジョン・レノンに恋して』吉野由樹訳、河出書房新社、２００７年
田中健次『図解　日本音楽史［増補改訂版］』東京堂出版、２０１８年
デイヴィッド・クセック、ゲルト・レオナルト『デジタル音楽の行方　音楽産業の死と再生、音楽はネットを越える』よもよも訳、翔泳社、２００５年
デイヴィッド・リッツ『マーヴィン・ゲイ物語　引き裂かれたソウル』(P-Vine Books)吉岡正晴訳、ブルース・インターアクションズ、２００９年
西崎憲『全ロック史』人文書院、２０１９年
長谷川町蔵、大和田俊之『文化系のためのヒップホップ入門』アルテスパブリッシング、２０１１年
ハワード・スーンズ『ダウン・ザ・ハイウェイ　ボブ・ディランの生涯』菅野ヘッケル訳、河出書房新社、２００２年
ピーター・ギュラルニック『スウィート・ソウル・ミュージック　リズム・アンド・ブルースと南部の自由への夢』新井崇嗣訳、シンコーミュージック・エンタテイメント、２００５年
ピート・タウンゼンド『ピート・タウンゼンド自伝　フー・アイ・アム』森田義信訳、河出書房新社、２０１３年
ブライアン・ウイルソン、トッド・ゴールド『ブライアン・ウイルソン自叙伝　ビーチ・ボーイズ光と影』中山康樹、中山啓子訳、径書房、１９９３年
ブライアン・ハリガン、デイヴィッド・ミーアマン・スコット『グレイトフル・デッドにマーケティングを学ぶ』(日経ビジネス人文庫)渡辺由佳里訳、糸井重里監修・解説、日経ＢＰ日本経済新聞出版本部、２０２０年
ベリー・ゴーディー『モータウン、わが愛と夢』吉岡正晴監修・訳、ＴＯＫＹＯ ＦＭ出版、１９９６年
マーク・リボウスキー『フィル・スペクター／蘇る伝説』奥田祐士訳、白夜書房、１９９０年
マイケル・ボーダッシュ『さよならアメリカ、さよならニッポン　戦後、日本人はどのようにして独自のポピュラー音楽を成立させたか』奥田祐士訳、白夜書房、２０１２年
宮入恭平『Ｊ-ＰＯＰ文化論』彩流社、２０１５年
室矢憲治『'67〜'69　ロックとカウンターカルチャー　激動の3年間　サマー・オブ・ラブからウッドストックまで』河出書房新社、２０１７年
森芳久、君塚雅憲、亀川徹『音響技術史　音の記録の歴史』東京藝術大学出版会、２０１１年
ロナルド・Ｄ・コーエン編『アラン・ローマックス選集　アメリカン・ルーツ・ミュージックの探究１９３４-１９９７』柿沼敏江訳、みすず書房、２００７年

霜鳥秀雄「米商業テレビネットワーク50年の軌跡　プライムタイム番組編成からの考察」、ＮＨＫ放送文化研究所編『ＮＨＫ放送文化研究所年報１９９９　第44集』日本放送出版協会
「音楽メディアユーザー実態調査２０１９年度調査結果　報告書―公表版―」一般社団法人 日本レコード協会、２０２０年
「日本のレコード産業２０２０」一般社団法人 日本レコード協会、２０２０年
「Global Music Report; The Industry in 2019」ＩＦＰＩ（国際レコード産業連盟）、２０２０年
立命館大学アート・リサーチセンター「アメリカンフォークソング資料保存プロジェクト」http://www.arc.ritsumei.ac.jp/folksong/

●写真提供

【名　盤】株式会社ソニー・ミュージックエンタテインメント、ユニバーサル ミュージック合同会社、株式会社ワーナーミュージック・ジャパン

【第１章】Everett Collection/アフロ、Everett Collection/アフロ、Heritage Image/アフロ、Everett Collection/アフロ、GRANGER.COM/アフロ、GRANGER.COM/アフロ、Alan Davidson/Alpha/Camera Press/アフロ

【第２章】Album/アフロ、Photoshot/アフロ、AP/アフロ、Shutterstock/アフロ、Photoshot/アフロ、Best Image/アフロ、TT News Agency/アフロ、Photofest/アフロ、Shutterstock/アフロ、Collection F.Driggs/Magnum Photos/アフロ、GRANGER.COM/アフロ、Shutterstock/アフロ、AP/アフロ

【第３章】Heritage Images、Newscom/アフロ、Mirrorpix/アフロ、The New York Times/アフロ、Science Source/アフロ、Universal Images Group/アフロ、GRANGER.COM/アフロ、Shutterstock/アフロ、Shutterstock/アフロ、Photofest/アフロ、AP/アフロ、Shutterstock/アフロ、PA Images/アフロ

【第４章】Abaca/アフロ、Pictorial Press/アフロ、Photoshot/アフロ、Globe Photos/アフロ、Press Association/アフロ、Photofest/アフロ、Michael Ochs Archives、Topfoto/アフロ、Photoshot/アフロ、Photoshot/アフロ、Interfoto/アフロ、Retna UK/アフロ、Archive Photos、Archive Photo

【第５章】Photoshot/アフロ、Backgrid/アフロ、Everett Collection/アフロ、Archive Photos、Shutterstock/アフロ、Backgrid/アフロ

【第６章】The New York Times/アフロ、AP/アフロ、Photoshot/アフロ、Photoshot/アフロ、ロイター/アフロ、Shutterstock/アフロ、Photoshot/アフロ、Science Source/アフロ、ZUMA Press/アフロ

【終　章】Science Photo Library/アフロ

みの

クリエイター／ミュージシャン

1990年シアトル生まれ、千葉育ち。2015年に3人ユニット「カリスマブラザーズ」を結成。YouTube上で動画配信を開始し、チャンネル登録者数100万人を獲得する。2019年より独立し、個人名義のYouTubeチャンネル「みのミュージック」を開設。現在、チャンネル登録者数は30万人を超える。また、ロックバンド「ミノタウロス」としても活躍。2020年にアルバム『肖像』をリリースしている。2021年より、Apple Musicのラジオ番組「Tokyo Highway Radio」のDJを担当している。

YouTube (みのミュージック)
https://www.youtube.com/channel/UCDkAtIbVxd-1c_5vCohp2Ow/
Twitter (@lucaspoulshock)
https://twitter.com/lucaspoulshock
Instagram (lucaspoulshock)
https://www.instagram.com/lucaspoulshock

戦《たたか》いの音《おん》楽《がく》史《し》
逆境《ぎゃっきょう》を越《こ》え 世界《せかい》を制《せい》した20世紀《せいき》ポップスの物語《ものがたり》

2021年5月1日　初版発行
2022年9月30日　5版発行

著者／みの

発行者／青柳 昌行

発行／株式会社KADOKAWA
〒102-8177　東京都千代田区富士見2-13-3
電話 0570-002-301(ナビダイヤル)

印刷所／大日本印刷株式会社

●お問い合わせ
https://www.kadokawa.co.jp/ (「お問い合わせ」へお進みください)
※内容によっては、お答えできない場合があります。
※サポートは日本国内のみとさせていただきます。
※Japanese text only

定価はカバーに表示してあります。

ISBN 978-4-04-605167-7　C0070